Die SCHUFA – Fluch oder Segen?

AF903569

© New Earth Publishing – 2015

nep@newearthpublishing.de
www.newearthpublishing.de

Autor: I.N.Kognito

Cover: Mike Lammers
Print on Demand

ISBN 978-3-945827-06-2
EAN 9783945827062

Die verwendeten Firmennamen und Produktbezeichnungen sind überwiegend geschützte Begriffe und unterliegen als solche den Bestimmungen des Urheberrechtsschutzes.

Die Unternehmen, Markennamen, Produktbezeichnungen und Adressdaten in den hierin befindlichen Beispielen basieren teilweise auf Echtdaten und diese unterliegen dem Copyright der jeweiligen Personen und Firmen. Für den Käufer des Buches lassen sich keinerlei Rechte aus diesen Unterlagen ableiten.

Dieses Produkt ist urheberrechtlich geschützt. Ohne schriftliche Zustimmung des Verlages sind die Vervielfältigung, insbesondere das Fotokopieren, Verbreitung, Übersetzungen, Mikroverfilmungen oder die Einspeicherung und Bearbeitung in elektronischen Systemen nicht gestattet und strafbar (§ 106 UrhG).
Um den Lesefluss nicht zu stören, habe ich auf die geschlechterspezifische Anrede bewusst verzichtet. Ich bitte um Ihr Verständnis.

Dieses Buch ist auf Grund vieler Gespräche mit Menschen aus allen Branchen und Schichten und der daraus gewonnenen Erkenntnis entstanden, dass nur sehr wenige Menschen wirklich fundierte Kenntnisse über die Arbeit und die bei der SCHUFA über Sie gespeicherten Daten haben.

Die SCHUFA veranstaltet regelmäßig so genannte Branchentreffs, z.B. für Banken und Inkassounternehmen, bei denen die SCHUFA über speziell auf diese Branche zugeschnittene Angebote informiert. Auf diesen Veranstaltungen werden neue Produkte und Dienstleistungen vorgestellt, über die der Verbraucher in der Regel nicht viel weiß.

Und bei den Themen Anschriftenermittlung und Bonitätsprüfung führt heute kein Weg an einem der Schwergewichte dieser Branche, der SCHUFA Holding AG, vorbei. Denn die SCHUFA sammelt bereits seit Ihrer Gründung im Jahr 1927 Daten von Firmen und Privatpersonen.

Dabei gab es im Laufe der Jahre zahlreiche Veränderungen und Erweiterungen und heute ist die SCHUFA mit Informationen über mehr als 66,3 Millionen Privatpersonen und 4,2 Millionen Firmen aus der Geschäftswelt nicht mehr wegzudenken.

Parallel zu dieser Entwicklung gab und gibt es immer wieder Schlagzeilen über die SCHUFA, über Scoring und wie bestimmte Informationen zu lesen und auszuwerten sind und warum es unter Umständen auch zu falschen Auskünften auf Grund von Personenverwechslungen kommen kann.

All diese Punkte haben mich inspiriert, die SCHUFA einmal aus verschiedenen Blickwinkeln heraus zu betrachten und so dem interessierten Leser, ähnlich wie bei einem Blick in ein Kaleidoskop einen Einblick in unterschiedliche Bereiche der SCHUFA zu geben und dabei unterschiedliche Aspekte und Perspektiven aufzuzeigen.

Dabei ist es auf Grund der Fülle der verfügbaren Informationen leider nicht möglich, ein vollständiges Bild der SCHUFA zu zeichnen. Aus diesem Grund habe ich mich darauf beschränkt, einige Facetten einmal aus Sicht eines „Normalbürgers“ zu betrachten und mich bemüht, den einen oder anderen Aspekt in einer einfachen und hoffentlich verständlichen Sprache zu beleuchten.
Dabei werde ich auch einen Blick auf die wichtigsten rechtlichen Vorschriften werfen, die die Grundlage für die Arbeit der SCHUFA bilden.

Zum Abschluss zeige ich einige Beispiele über die vielfältigen Möglichkeiten der SCHUFA, Daten auszuwerten und Informationen anzubieten, wie sie dem „normalen Verbraucher“ vermutlich weder bekannt nach bewusst sind. Anschließend gebe ich ein paar Tipps, wie Sie für sich und Ihre Kinder die **eigene** SCHUFA Auskunft verbessern bzw. optimieren können.

Interessant ist es vor allem, einmal einen Blick auf die SCHUFA zu werfen, aus Sicht eines EDV-Menschen, der über genug Hintergrundinformationen aus der Programmierung verfügt, um zu verstehen, welche Möglichkeiten ein Datenbankprogrammierer hat, Informationen miteinander zu verknüpfen. Dabei ist es natürlich mit Hilfe einer entsprechenden Rechtevergabe möglich, sehr exakt festzulegen, welcher Benutzer welche Teile und Informationen der vorhandenen Datenbanken sehen kann.

Viel Spaß bei der Lektüre.

I.N. Kognito

hhaltsverzeichnis

Ein aktuelles Urteil vom BGH im Januar 2014

SCHUFA-Berechnungen bleiben geheim.

Die SCHUFA muss nach einem Urteil des Bundesgerichtshofs (BGH) Verbrauchern keine umfassende Auskunft zur Berechnung ihrer Kreditwürdigkeit geben. Das Gericht wies die Revision gegen das Urteil der Vorinstanz zurück. Die Entscheidung war mit Spannung erwartet worden, weil viele Menschen bei Krediten oder Mietverträgen auf eine positive Auskunft der SCHUFA angewiesen sind. Das Landgericht Gießen hatte im März 2013 entschieden, dass die bisherige Auskunftspraxis der SCHUFA den Anforderungen des Bundesdatenschutzgesetzes genügt.

Eine 54-Jährige wollte erfahren, wie die Bewertung ihrer Kreditwürdigkeit zustande gekommen war. Die SCHUFA habe nur eine allgemeine Auskunft zur Einschätzung der Kreditwürdigkeit seiner Mandantin gegeben, kritisierte ihr Anwalt. Sie müsse auch erklären, wie die als Scoring bezeichnete Bonitätsbewertung zustande gekommen sei. Es sei klar, dass es im Massengeschäft der SCHUFA nur nach "Schema F" gehen könne. Dieses müsse aber auch transparent sein.

Nach der Verhandlung sagte die Klägerin, es habe sie tief verletzt, dass sie aufgrund einer Verwechslung zunächst gar keine Finanzierung für ihren geplanten Autokauf bekommen habe. "Sie kommen sich da vor wie abgewertet", sagte die 54-Jährige.

Wichtig

SCHUFA: Formel ist Geschäftsgeheimnis

Der Anwalt der SCHUFA hatte hingegen argumentiert, die Formel für das Scoring sei das Geschäftsgeheimnis des Unternehmens. Die vom Gesetz geforderte Auskunft sei der Klägerin gegeben worden. Weil die SCHUFA zu der Klägerin zunächst keine Daten gehabt habe, sei ihre Kreditwürdigkeit anhand der Erfahrungen einer Vergleichsgruppe ermittelt worden, zu der es ebenfalls keine Daten gebe.

Die "Schutzgemeinschaft für allgemeine Kreditsicherung" (SCHUFA) wurde 1927 in Berlin gegründet. Ziel des privaten Unternehmens ist es, Daten zur Kreditwürdigkeit von Verbrauchern und Firmen zu sammeln und zu liefern. 2012 verfügte die SCHUFA nach eigenen Angaben über 655 Millionen Informationen zu 66,2 Millionen Menschen und vier Millionen Unternehmen. Dabei geht es unter anderem um Bankkonten und Kreditkarten, Kredite, Bürgschaften und Ratenzahlungsgeschäfte. Die meisten Informationen stammen von den SCHUFA-Vertragspartnern wie Banken und Firmen. Diese können bei "berechtigtem Interesse" auch Daten anfragen. Will ein Kunde zum Beispiel ein Auto auf Raten kaufen, fragt der Händler bei der SCHUFA nach Informationen. Die Zentrale ist in Wiesbaden.

Aktenzeichen: VI ZR 156/13

Zitat aus: www.tagesschau.de

Kapitel

1

Die Geschichte der SCHUFA

Zu Beginn ein kurzer Abriss der Entstehungsgeschichte der SCHUFA.

Die Idee zur Gründung der SCHUFA (**Schu**tzgemeinschaft **f**ür **A**bsatzfinanzierung) geht zurück auf einen Mitarbeiter der BEWAG (Berliner Elektrizitätswerke AG), Dr. Walter Meyer, der mit seinem Bruder, dem jungen Rechtsanwalt Dr. Kurt Meyer über die Notwendigkeit diskutierte, dass der Handel zeitnah über die Bonität und Kreditwürdigkeit seiner Kunden informiert ist. Zu diesem Zeitpunkt lieferte die BEWAG nicht nur Strom an Ihre Kunden, sondern verkaufte auch Kühlschränke und Staubsauger und dadurch eine bessere Auslastung Ihres Stromnetzes zu erzielen. Um eine möglichst große und schnelle Verbreitung der Geräte zu erzielen, bot man an, den Kaufpreis in monatlichen Raten zu begleichen, die mit den jeweils fälligen Monatsraten für den Strom kassiert wurden.

Zum damaligen Zeitpunkt war die BEWAG durch den monatlichen Einzug der Stromrechnung sehr gut über die wirtschaftlichen Verhältnisse ihrer Kunden informiert. Diese Art der Information über die Bonität und das Zahlungsverhalten von Kunden sollte nach der Idee der Gebrüder Meyer auch für andere Handelsbetriebe verfügbar sein: „Ihnen schwebt ein Kreditschutz auf Gegenseitigkeit vor. In einem großen, zentralen Archiv soll das Zahlungsverhalten aller Personen, die auf Kredit kaufen, erfasst werden. Dadurch wären Kunden mit Zahlungsstörungen, Mahnungen oder gerichtlichen Maßnahmen zu identifizieren und die Vertragspartner könnten im Vorfeld die Bonität von Kreditnehmern prüfen.“ [1]

In Folge dieser Überlegungen wurde im Jahr 1927 die SCHUFA in Berlin gegründet. Am 1. April 1927 hat die SCHUFA ihre Arbeit mit den folgenden Grundsätzen aufgenommen:

🗀 **Wichtig**

- Prinzip der Gegenseitigkeit

- Neutralität

- Verschwiegenheit/Vertraulichkeit

[1] Quelle: www.schufa.de/private/unternehmen/geschichtederschufa/geschichtederschufa.jsp

Was bedeuten diese Prinzipien im Einzelnen?

1) **Prinzip der Gegenseitigkeit**: Alle Kunden/Mitglieder, die von der SCHUFA Informationen zur Bonität haben wollen sind im Gegenzug verpflichtet, ihrerseits Informationen über Ihre Kunden an die SCHUFA zurückzumelden. Dazu gehören unter anderem Informationen über ausgegebene Kredite inkl. Laufzeit, Informationen zur Rückzahlung dieser Kredite, zu Zahlungsausfällen und Anschriftenänderungen beim Kunden. Gerade dieses Prinzip der Gegenseitigkeit hat der SCHUFA im Laufe der Zeit eine Fülle von regelmäßigen Informationen zugespielt und damit Notwendigkeit und Kosten eigener Recherchen auf ein Minimum reduziert.

2) **Neutralität**: Die SCHUFA hat sich selbst zur Neutralität verpflichtet, d.h. die SCHUFA gibt lediglich Informationen und Wahrscheinlichkeiten weiter, spricht aber keine ausdrückliche Handlungsempfehlung aus.

3) **Verschwiegenheit/Vertraulichkeit**: Die Mitglieder/Kunden der SCHUFA dürfen erhaltene Informationen nur selbst verwerten, nicht aber an Dritte weitergeben oder vermarkten. Darüber hinaus sind Sie nicht befugt, Erläuterungen abzugeben, wie die Daten ermittelt wurden.

Mit einem sehr günstigen Preis von 25 Pfennig je Auskunft hat sich die SCHUFA sehr schnell einen stetig wachsenden Markt aufgebaut. Bereits 2 Jahre nach Ihrer Gründung verfügte die SCHUFA bundesweit über mehr als 1,5 Millionen Karteikarten mit Informationen zum Zahlungsverhalten von Privatpersonen.

1930 wurden weitere Gesellschaften[2] nach dem Berliner Vorbild gegründet, wobei in jeder dieser neu gegründeten Gesellschaften der Berliner SCHUFA ein Sitz im Verwaltungsrat eingeräumt wurde.

1952 wurde der **Bundes SCHUFA e.V.** in Hannover gegründet. Der Verein entwickelte bundesweit einheitliche Verträge, die für alle SCHUFA-Gesellschaften gültig waren. Zusätzlich wurde der so genannte überörtliche Verrechnungspreis eingeführt, der es ermöglichte, dass bundesweit tätige SCHUFA-Partner nur noch eine monatliche Rechnung erhalten.

Der Verein fungierte quasi als Rechtsabteilung der SCHUFA und vertrat die Interessen der SCHUFA gegenüber der Wirtschaft, Banken und Verbänden.

1957 wurde die Geschäftsstelle der Bundes SCHUFA in Wiesbaden eingerichtet. In Wiesbaden befindet sich heute der Hauptsitz der SCHUFA.

1972 hielt die elektronische Datenverarbeitung bei der SCHUFA Einzug. Schritt für Schritt wurden die Daten der SCHUFA elektronisch erfasst und die einzelnen SCHUFA-Gesellschaften elektronisch vernetzt.

1978 setzte das neue **Bundesdatenschutzgesetz** neue Maßstäbe: Seither hat jeder Bundesbürger das Recht, zu erfahren, wer welche Daten über Ihn gespeichert hat.

---

[2] Zunächst in Dortmund, Düsseldorf, Hamburg und Köln und später in Bad Kreuznach, Mannheim, Frankfurt am Main und München.

1983 war die elektronische Erfassung aller Karteikarten abgeschlossen und die SCHUFA konnte mit den jetzt vollständig in elektronischer Form gespeicherten Informationen neue Märkte und Anforderungen bedienen.

2000 wurde die **SCHUFA Holding AG** in Wiesbaden gegründet. In diese AG haben alle Gesellschafter Ihre Kapitalenteile eingebracht. Bis 2002 war die Integration der einzelnen SCHUFA-Gesellschaften abgeschlossen. Dieser Schritt war erforderlich geworden, um strukturelle Nachteile gegenüber Mitbewerbern auszugleichen und die SCHUFA neu zu positionieren.

2003 schaffte die SCHUFA die Stelle eines **SCHUFA Vertrauensmanns für Kunden**. Eine neutrale Instanz, quasi eine Schiedsstelle, an die sich Kunden wenden können, wenn Sie sich in Ihren Persönlichkeitsrechten von der SCHUFA verletzt fühlen.

2004 steigt die SCHUFA ins B2B-Geschäft ein. Hier liefert die SCHUFA Informationen und bedarfsgerechte Prognosen zur Kreditwürdigkeit von kleineren Unternehmen mit bis zu 20 Mitarbeitern. Parallel dazu wurde ein Handelsregister Infoservice eingerichtet, der es den Kunden ermöglicht, Handelsregisterinformationen in elektronischer Form abzurufen.

2005 startete das neue Verbraucherportal www.meineSCHUFA.de . Hier haben Privatpersonen die Möglichkeit, über Ihre Person gespeicherte Daten abzurufen[3].

WWW.MEINESCHUFA.DE. Hier können sich Privatpersonen über die SCHUFA und verschiedene Produkte informieren und Selbstauskünfte einholen. Darüber hinaus bietet die SCHUFA an dieser Stelle weitere Produkte an, die in einem eigenen Kapitel näher beschrieben werden.

2008 Gründung eines Verbraucherbeirats. Der Verbraucherbeirat setzt sich aus Persönlichkeiten aus Politik, Wissenschaft, Institutionen, Verbänden und Unter-

[3] Welche Produkte hier im Einzelnen für Verbraucher zur Verfügung stehen und welche Informationen diese enthalten, erläutere ich am Ende dieses Buches im Kapitel www.meineschufa.de .

nehmen zusammen und beschäftigt sich insbesondere mit Themen, wie Krediten, Überschuldung und Transparenz bei Bonitätsbewertungen.

Heute (2014): Die grundsätzlichen Aufgaben und Prinzipien haben sich seit der Gründung 1927 nicht verändert. Mittelpunkt allen Handelns ist nach wie vor der Schutz der Kreditgeber vor Kreditausfällen und der Schutz der Kreditnehmer vor Überschuldung. Wettbewerbsneutralität, das Prinzip der Gegenseitigkeit und die Vertraulichkeit (Datenschutz, Bankgeheimnis) werden und wurden stets gewahrt.

Heute[4] erteilt die SCHUFA mit 700 Mitarbeitern pro Tag rund 300.000 Auskünfte an Vertragspartner und Privatkunden. Ihr Datenbestand umfasst ca. 682 Millionen Informationen zu 66,3 Millionen Privatpersonen und 4,2 Millionen Unternehmen. 8.500 Firmenkunden aus Kreditwirtschaft, Handel und Dienstleistungen sind als Vertragspartner angeschlossen. Mehr als 1,7 Millionen Privatkunden nutzen für eine Eigenauskunft und/oder den neuen SCHUFA-Identsave[5] das Onlineportal www.meineSCHUFA.de . Mehr als 96% aller volljährigen Bundesbürger mit Wohnsitz in Deutschland sind im Datenbestand der SCHUFA gespeichert.

Aktuell steht ein geplanter Datenbankwechsel bevor. Ob und wenn welche Veränderungen dieser Wechsel mit sich bringen wird, ist für Verbraucher bislang nicht absehbar.

[4] Die folgenden Informationen stammen von der Internetseite www.schufa.de vom 17.09.2014, 14:40

[5] SCHUFA Identsafe wurde in „meine SCHUFA plus" integriert.

Kapitel

2

Gesichter der SCHUFA

Diese Personen haben wesentlichen Einfluss auf die weitere Entwicklung der SCHUFA.

Neben dem Vorstand hat für die Belange der Menschen in erster Linie der Ombudsmann eine besondere Bedeutung. Und damit Sie sich ein Bild von den Entscheidungsträgern machen können, habe ich einige aktuelle Gesichter ausgewählt und zu jeder Person einige wichtige Informationen zusammengetragen. Auf diese Weise wird das Thema persönlicher, verliert ein wenig seine Anonymität.

Der Vorstand der SCHUFA Holding AG[6]

Den Vorsitz des Vorstandes hat aktuell Dr. Michael Freytag inne.

DR. MICHAEL FREYTAG. Vorstandsvorsitzender der SCHUFA Holding AG.

[6] Die in diesem Kapitel verwendeten Bilder stammen aus den von der Schufa Holding AG für die Presse freigegebenen Bildern. Die Texte zu den Bildern von Vorstand und Ombudsmann stammen von der Internetseite der SCHUFA, www.schufa.de .

Nach der Ausbildung zum Bankkaufmann studierte Dr. Freytag Rechtswissenschaften an der Universität Hamburg, legte beide juristische Staatsexamina ab und promovierte.

Nach zehn Jahren Corporate & Investmentbanking bei der Deutschen Bank AG wechselte er 2001 als Regierungsfraktionsvorsitzender hauptberuflich in die parlamentarische Mehrheitsführung der Hamburgischen Bürgerschaft.

2004 – 2010 war Dr. Freytag Senator der Freien und Hansestadt Hamburg und gehörte dem Bundesrat der Bundesrepublik Deutschland an. 2007 – 2010 war er Mitglied des Finanzplanungsrates und des Vermittlungsausschusses von Bundestag und Bundesrat. In seiner Regierungszeit war Dr. Freytag Aufsichtsratsvorsitzender von Unternehmen des Immobiliensektors, der Ver- und Entsorgungswirtschaft, des ÖPNV und Hamburgs Konzernholding HGV.

Seit November 2010 ist Dr. Michael Freytag Vorstandsvorsitzender der SCHUFA Holding AG.

HOLGER SEVERITT. Vorstand der SCHUFA Holding AG.

Nach einem Studium der Wirtschaftswissenschaften arbeitete Holger Severitt 14 Jahre in verschiedenen Funktionen, zuletzt als CFO bei der National Westminster Bank AG.

Danach wechselte er im Jahr 2000 zur SchmidtBank GmbH, wo er zunächst für das Controlling und Risikocontrolling verantwortlich war. Ab 2001 war er zusätzlich auch maßgeblich für die Umstrukturierung der SchmidtBank zuständig. Im Rahmen des Verkaufes von Teilen der Bank an die Archon Group, einer Tochtergesellschaft der Goldman Sachs Gruppe, übernahm er ab 2006 die Leitung der Archon Capital

© New Earth Publishing

Bank GmbH. Zusätzlich nahm er in dem Schwesterunternehmen Archon Group Deutschland GmbH die Funktion des Chief Operating Officer war.

Seit Mai 2009 ist Holger Severitt Mitglied des Vorstandes der SCHUFA Holding AG.

PETER VILLA. Vorstand der SCHUFA Holding AG.

Nach seinem Abschluss an der Universität Uppsala startete Peter Villa 1991 seine Karriere in der Bonnier-Gruppe.

Dort wirkte er zunächst bei dem Aufbau der neuen B2B Division Bonnier Information Services in Stockholm mit. 1995 kam er nach Darmstadt als Geschäftsführer für Hoppenstedt Bonnier Information GmbH, ein Joint Venture mit der Hoppenstedt Gruppe in Osteuropa, Italien und England. Danach wechselte er 1998 als Geschäftsführer nach Freiburg zur Kompass Deutschland GmbH.

Seit 2000 führte er als Geschäftsführer die Bisnode Deutschland Holding GmbH und verantwortete als Business Area Director den Geschäftsbereich Produktinformationen für Europa.

Peter Villa wurde 2000 Vorstandsmitglied der schwedischen Konzernmutter und 2009 Geschäftsführer der Bisnode-Gruppe für den deutschsprachigen Raum.

Seit Mai 2011 ist Peter Villa Mitglied des Vorstandes der SCHUFA Holding AG.

© New Earth Publishing

Der Aufsichtsrat

Der Aufsichtsrat der SCHUFA Holding AG besteht aktuell aus 9 Mitgliedern, die überwiegend im Bankensektor zuhause sind.

Name	Position	Firma
Alexander Boldyreff **Vorsitzender des Aufsichtsrates**	Vorstandsvorsitzender	TeamBank AG
Dr. Peter Achten	Hauptgeschäftsführer	Handelsverband Nordrhein-Westfalen e.V.
Michael Breuer	Präsident	Rheinischer Sparkassen- und Giroverband
Jürgen Brinkmann	Vorstandsvorsitzender	Volksbank eG Braunschweig Wolfsburg
Fabio Buccarello	Abteilungsleiter Vertragspartner Management	SCHUFA Holding AG
Michael Mandel	Bereichsvorstand Private Kunden	Commerzbank AG
Franz Josef Nick	Vorstandsvorsitzender	TARGOBANK AG & Co. KGaA
Dieter Päschke	Abteilungsleiter ServiceConsultants und Vertragspartnerbetreuung Vertrieb	SCHUFA Holding AG
Kay Sabirowsky	Senior Systemarchitekt	SCHUFA Holding AG

DER AUFSICHTSRAT DER SCHUFA HOLDING AG. Hier sehen Sie die 9 Mitglieder des Aufsichtsrats.[7]

Der Aufsichtsrat wird jeweils auf 4 Jahre gewählt. Der Aufsichtsrat kontrolliert und berät den Vorstand. Und der Aufsichtsrat ernennt den Vorstand auf jeweils 5 Jahre. Die enge Verflechtung der Interessengruppen sehen schon daran, dass nicht nur der Aufsichtsrat, sondern auch der Vorstand der SCHUFA Holding AG überwiegend aus Personen aus dem Bankenbereich rekrutiert wird. Damit liegt das Grundinteresse der SCHUFA, die sich ja mehrheitlich im Besitz der Volksbankengruppe befindet, natürlicher Weise im Bankenbereich, d.h. im Interessenbereich des Kapitals. Das ist genau entgegengesetzt dem Interesse der Einzelperson gegenüber.

Daraus erklärt sich naturgemäß, warum es der SCHUFA so wichtig ist, sowenig Informationen, wie irgend möglich, der Öffentlichkeit Preis zu geben.

[7] Stand: 31.12.2014

Der Ombudsmann

Seit 1. September 2014 ist Hans-Jürgen Papier Ombudsmann der SCHUFA.

PROF. EM. DR. DRES. H.C. HANS-JÜRGEN PAPIER[8]. SCHUFA Ombudsmann.

Nach dem Abitur am Eckener-Gymnasium in Berlin-Mariendorf 1962 und dem ersten Staatsexamen im Jahre 1967 wurde Papier 1970 an der Freien Universität Berlin mit einer Arbeit über Die Forderungsverletzung im öffentlichen Recht zum Doktor der Rechte promoviert. 1971 erfolgte das zweite Staatsexamen. Zwei Jahre später habilitierte er sich mit einer Arbeit über Die finanzrechtlichen Gesetzesvorbehalte und das grundgesetzliche Demokratieprinzip: zugleich ein Beitrag zur Lehre von den Rechtsformen der Grundrechtseingriffe. 1974 nahm Papier einen Ruf der Universität Bielefeld auf eine staatsrechtliche Professur an. In Bielefeld war er Mitbegründer und Erster Leiter des Instituts für Umweltrecht. Hier lehrte Papier bis 1992, als er einen Ruf auf eine Professur für Deutsches und Bayerisches Staats- und Verwaltungsrecht sowie öffentliches Sozialrecht an der Ludwig-Maximilians-Universität in München annahm. Von 1977 bis 1987 war er nebenamtlich auch Richter am Oberverwaltungsgericht für das Land Nordrhein-Westfalen.

Neben seiner akademischen Tätigkeit war Papier 1991 bis 1998 der Vorsitzende der Unabhängigen Kommission zur Überprüfung des Vermögens der Parteien und Massenorganisationen der DDR (siehe auch: Vermögen von Parteien und Verbänden der DDR), Mitglied der Kommission der Bundesrepublik Deutschland zum Versorgungsruhens- und Entschädigungsrentengesetz (1994–1998) und von 1996

[8] Die Informationen über das Leben und Wirken von Hans-Jürgen Papier wurde von www.wikipedia.de übernommen. Das Foto stammt aus dem Pressearchiv der SCHUFA.

bis 1998 stellvertretender Vorsitzender der Ethikkommission der Bayerischen Landesärztekammer.

Am 4. Februar 1998 wurde Papier, der Mitglied der CSU ist, vom Bundestag als Richter und vom Bundesrat als Vizepräsident und Vorsitzender des 1. Senats an das Bundesverfassungsgericht berufen. Seine Amtszeit begann am 27. Februar 1998. Nach dem Ausscheiden von Jutta Limbach als Präsidentin übernahm Papier im Jahr 2002 die Präsidentschaft des Gerichts. 2003 wurde er Kommandeur des Ordens für Verdienste um Litauen. Am 18. Februar 2003 wurde ihm von der Aristoteles-Universität Thessaloniki die Würde des Ehrendoktors der Rechtswissenschaften verliehen, am 11. Juli 2006 von der Verwaltungshochschule Speyer. 2006 erhielt er das Große Goldene Ehrenzeichen am Bande für Verdienste um die Republik Österreich. Am 16. März 2010 trat er in den Ruhestand. Sein Nachfolger als Präsident des Gerichtes ist Andreas Voßkuhle, als Vorsitzender des 1. Senates folgt ihm Ferdinand Kirchhof nach. Auf die durch den Ruhestand freiwerdende Richterstelle folgt Andreas Paulus. Anlässlich seines Ausscheidens aus dem Amt kurz nach seinem wegweisenden Urteil zur Vorratsdatenspeicherung wurde er von Bundespräsident Köhler am 16. März 2010 mit dem Großkreuz des Bundesverdienstordens der Bundesrepublik Deutschland ausgezeichnet. Den Bayerischen Verdienstorden erhielt er am 20. Juli 2011.

Nach Ablauf seiner Amtszeit nahm er seine Tätigkeit als Hochschullehrer für Öffentliches Recht an der Ludwig-Maximilians-Universität München (LMU) bis zum 30. September 2011 wahr. Er hält auch nach seiner Emeritierung noch Vorlesungen für den Grundkurs Öffentliches Recht an der LMU.

Im Jahre 2013 hat er den Namensvorsitz des dritten deutschen Inns (Gruppe) der internationalen juristischen Honor Society Phi Delta Phi an der Ludwig-Maximilians-Universität in München übernommen.

Im Februar 2014 wurde er als Mitglied des Beirates des ADAC berufen.

Der Ombudsmann dient in erster Linie als **Schlichtungsstelle zwischen Verbrauchern und der SCHUFA**; wenn es um Reklamationen zu von der SCHUFA gespeicherten Informationen geht. Handelt es sich um einen fehlerhaften Eintrag, wird der eine entsprechende Korrektur veranlassen. Ist der Eintrag hingegen korrekt, so ist es die Aufgabe des Ombudsmanns, dem Verbraucher, der Ihn angerufen hat, den Sachverhalt so zu erklären, dass dieser ihn verstehen kann.

Der Vorteil für den Verbraucher bei der Anrufung des Ombudsmannes liegt darin, dass

- die **Anrufung für den Verbraucher kostenfrei** ist, d.h. der Verbraucher muss nur seine eigenen Kosten für Telefon, Porto, etc. selbst tragen
- bei Ablehnung eines Schiedsspruchs der rechtliche Weg durch die Instanzen nach wie vor offen steht.

© New Earth Publishing

Der SCHUFA Verbraucherbeirat[9]

Zur Diskussion verbraucherrelevanter Themen hat die SCHUFA 2008 einen unabhängigen Beirat als neutrale und öffentliche Instanz eingerichtet. Das interdisziplinär besetzte Gremium ist mit fünfzehn Persönlichkeiten aus Politik, Wissenschaft, Wirtschaft und gesellschaftlichen Einrichtungen besetzt. Als offener und kritischer Gesprächspartner nimmt der Verbraucherbeirat gegenüber der SCHUFA die Funktion der öffentlichen „Spiegelung" ihrer verbraucherrelevanten Themen wahr und trägt zum Beispiel Anregungen zu neuen Produkten und Dienstleistungen für Verbraucher an die SCHUFA heran.

Zu den Arbeitsschwerpunkten des Verbraucherbeirates zählen folgenden Themen:

- Finanz- und Konsumkompetenz,
- Verbraucher- und Anbieterverhalten rund um Kredite,
- Abbau asymmetrischer Informationen zwischen Kreditgebern und -nehmern,
- Transparenz in Bonitätsbewertung- und Kreditvergabeprozessen
- Einbeziehung des Verbrauchers in einen selbst bestimmten, sicheren und bewussten Umgang mit eigenen Daten.

Für die kontinuierliche Verbesserung des Verbraucherangebotes und -dialogs sind die unabhängigen Expertenstimmen der Beiratsmitglieder für die SCHUFA von zentraler Bedeutung. Die SCHUFA ist die einzige Auskunftei in Deutschland, die von einem unabhängigen Verbraucherbeirat begleitet wird. Der Beirat tagt zwei Mal pro Jahr. Darüber hinaus finden spezifische Arbeitsgruppen und Workshops statt, in denen einzelne Themen vertieft behandelt oder Studien erarbeitet und begleitet werden. Das Gremium steht auch im Austausch mit dem ebenfalls unabhängigen SCHUFA-Ombudsmann. Dieser legt dem Verbraucherbeirat einmal jährlich seinen Tätigkeitsbericht vor[10].

Die Zusammensetzung des Verbraucherbeirats finden Sie auch im Internet unter: https://www.SCHUFA-verbraucherbeirat.de/de/verbraucherbeirat/mitglieder/mitgliedergallerie.jsp

Neben Vertretern aus dem Bankenbereich, Verbänden und der Politik finden Sie hier unter anderem Journalisten und Juristen. Durch die vielschichtige Zusammensetzung wird versucht, ein möglichst breites Öffentlichkeitsbild widerzuspiegeln.

---

[9] Die Informationen über den Verbrauerbeirat stammen überwiegend von der Internetseite www.schufa.de bzw. www.schufa-verbraucherbeirat.de .

[10] Weitere Informationen zum Ombudsmann und zum Verbraucherbeirat der SCHUFA und deren Arbeit finden Sie unter www.schufa-verbraucherbeirat.de . Hier finden Sie neben einem Überblick über die Arbeitsfelder des Verbraucherbeirats auch eine Übersicht über die Mitglieder.

Auch der Datenschutz hat ein Gesicht[11]

Mit verantwortlich für die Belange der Bürger im Hinblick auf den Datenschutz ist aktuell Andrea Voßhoff, die amtierende Bundesbeauftragte für den Datenschutz und die Informationsfreiheit.

Die Bundesbeauftragte für den Datenschutz und die Informationsfreiheit

Andrea Voßhoff

> **Beim Datenschutz geht es nicht um den Schutz von Daten. Im Mittelpunkt steht das informationelle Selbstbestimmungsrecht des Einzelnen und damit der Mensch. Das macht den Datenschutz für mich zu einer wichtigen Aufgabe und zu einer lohnenswerten Herausforderung.**

ANDREA VOßHOFF[12]. Bundesbeauftragte für Datenschutz und Informationsfreiheit.

Der Bundesbeauftragte[13] kontrolliert (§ 24 BDSG) und berät (§ 26 Abs. 3 BDSG) Bundesbehörden, andere öffentliche Stellen des Bundes, Telekommunikations- und Postdienstunternehmen auf Grund des Telekommunikationsgesetzes (TKG) und des Postgesetzes (PostG). Er berät und kontrolliert die Durchführung von Sicherheitsüberprüfungen nach dem Sicherheitsüberprüfungsgesetz (SÜG) des Bundes, auch soweit sie private Unternehmen betreffen.

Nicht zu seinen Aufgaben gehört die Kontrolle des Datenschutzes in der allgemeinen Privatwirtschaft; hierfür sind die Aufsichtsbehörden der Länder zuständig (§ 38 BDSG).

---

[11] Auszug von der Internetseite der BaFin (Bundesanstalt für Finanzdienstleistungsaufsicht)

[12] Das Foto stammt von der Internetseite http://www.bfdi.bund.de

[13] Die Aufgaben des Bundesbeauftragten für Datenschutz wurden aus www.wikipedia.de übernommen.

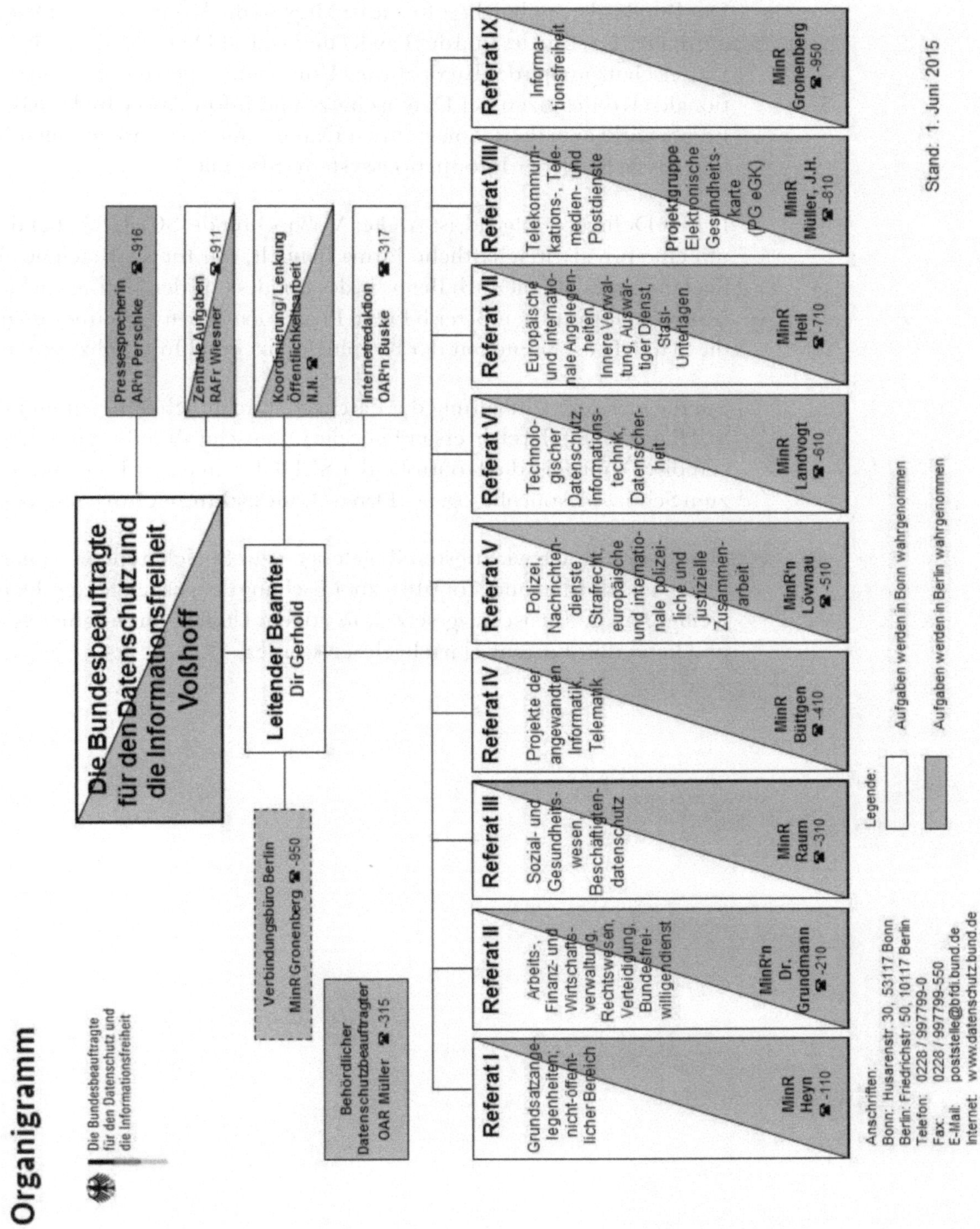

ANDREA VOßHOFF[14]. Bundesbeauftragte für Datenschutz und Informationsfreiheit: Struktur des Referats im Juni 2015.

[14] Das Foto stammt von der Internetseite www.datenschutzbund.de

© New Earth Publishing

Der Bundesdatenschutzbeauftragte ist Mitglied der Konferenz der Datenschutzbeauftragten des Bundes und der Länder und vertritt Deutschland in der Artikel-29-Datenschutzgruppe der Europäischen Union und in den europäischen und internationalen Konferenzen der Datenschutz- und Informationsfreiheitsbeauftragten. Ferner wirkt er in den Gemeinsamen Datenschutz-Kontrollgremien für Europol und das Schengener Informationssystem (SIS) mit.

Dieser Definition folgend, ist Andrea Voßhoff für die SCHUFA, bei der es sich ja um eine privatwirtschaftliche Firma handelt, nur für die Bereiche als Kontrollinstanz zuständig, die auch Bereiche des Bundes und der Ministerien betreffen. Das trifft vor allem auf den Bereich Fraud Prevention[15] (Betrugsvermeidung) zu, in dem die SCHUFA sehr eng mit der Kriminalpolizei und Interpol zusammenarbeitet.

Für die generelle Einhaltung der datenschutzrechtlichen Bestimmungen bei der SCHUFA sind folglich in erster Linie die Datenschutzbeauftragten der Länder zuständig. Damit fällt die Kontrolle der SCHUFA in erster Linie unter das Gesetz zum Schutz personenbezogener Daten (**Landesdatenschutzgesetz – LDSG**[16]).

Hier finden Sie die wichtigsten Regelungen zur Speicherung personenbezogener Daten inkl. Fristen und Vorgaben zur Löschung der gespeicherten Daten. Das jeweilige Landesdatenschutzgesetz ist in vollem Umfang im Internet veröffentlicht und kann dort kostenfrei nachgelesen werden.

---

[15] Hierbei handelt es sich um einen sehr jungen, neuen Geschäftsbereich, der aktuell in Zusammenarbeit mit der Polizei und Interpol erarbeitet und eng mit den jeweiligen Datenschutzbeauftragten abgestimmt wird. Viele Bereiche und Aspekte im Bereich Fraud Prevention werden aktuell sehr kontrovers diskutiert. Dabei versucht die Schufa, Ihr Geschäftskonzept salonfähig zu machen, weil es lukrative Geschäfte verspricht.

[16] Das Landesdatenschutzgesetz finden Sie auf der jeweiligen Seite des Landesdatenschutzbeauftragten, z.B. unter http://www.baden-wuerttemberg.datenschutz.de/landesdatenschutzgesetz-inhaltsverzeichnis/ .

© New Earth Publishing

Landesbeauftragter[17] für den Datenschutz

Der **L**andesbeauftragte **f**ür den **D**atenschutz (**LfD**, auch Landesdatenschutzbeauftragter) ist der Datenschutzbeauftragte eines deutschen Bundeslands. Er überwacht und berät die öffentlichen Stellen des Landes in Fragen des Datenschutzes. Im Rahmen dieser Aufgabenerfüllung ist er unabhängig, weisungsfrei und nur dem Gesetz unterworfen. In den meisten Bundesländern ist er zugleich die zuständige Aufsichtsbehörde nach § 38 Abs. 6 BDSG über nicht-öffentliche Stellen im Anwendungsbereich des Dritten Abschnitts des Bundesdatenschutzgesetzes.

Die Rechtsstellung und die Befugnisse des LfD sind in den jeweiligen Landesdatenschutzgesetzen geregelt.

Die Landesdatenschutzbeauftragten von Berlin, Brandenburg, Bremen, Hamburg, Mecklenburg-Vorpommern, Nordrhein-Westfalen, Rheinland-Pfalz, des Saarlandes, Sachsen-Anhalt, Schleswig-Holstein und Thüringen sind außer für den Datenschutz auch für die Informationsfreiheit beziehungsweise für das Akteneinsichtsrecht zuständig.

Außer in Bayern sind die Landesbeauftragten für den Datenschutz darüber hinaus auch für die Datenschutzaufsicht im nichtöffentlichen Bereich, d. h. bei Wirtschaftsunternehmen, Vereinen, Verbänden oder Parteien, zuständig. In Bayern besteht hierfür ein eigenständiges Landesamt für Datenschutzaufsicht mit Sitz in Ansbach. Im Zuge der Umsetzung eines Urteils des Europäischen Gerichtshofs vom 9. März 2010 unterliegen die Landesdatenschutzbeauftragten auch bei ihrer Aufsichtstätigkeit im nichtöffentlichen Bereich keiner Aufsicht durch andere staatliche Institutionen mehr. Die ursprünglich in vielen Ländern bestehende Rechtsaufsicht der jeweiligen Landesregierung gewährleistete nach Ansicht des Europäischen Gerichtshofs nicht die erforderliche Unabhängigkeit der Aufsichtsbehörden.

In einigen Bundesländern ist der Datenschutzbeauftragte Gegenstand einer eigenen Verfassungsregelung, die sein Amt beim Präsidenten des Landtags einrichtet. Dies scheint eine gewisse Ähnlichkeit zum Modell des Wehrbeauftragten im Bund zu haben.

Zusammen mit dem Bundesdatenschutzbeauftragten bilden sie die Konferenz der Datenschutzbeauftragten des Bundes und der Länder[18]. Diese tagt einmal im Jahr und bildet ein gewisses Gegengewicht zur Innenministerkonferenz. Diese Tagungen werden in verschiedenen Arbeitskreisen vorbereitet. Der Vorsicht der einzelnen Arbeitskreise wechselt jährlich.

Auch wenn die Ergebnisse dieser Tagungen rechtlich nicht bindend sind, haben sie, auf Grund der hohen fachlichen Bildung der Mitglieder, einen gewissen Einfluss auch gesetzliche Änderungen im Bereich Datenschutz.

---

[17] Quelle: www.wikipedia.de

[18] http://de.wikipedia.org/wiki/Konferenz_der_Datenschutzbeauftragten_des_Bundes_und_der_L%C3%A4nder

Kapitel

3

Rechtliche Grundlagen

Die rechtlichen Grundlagen für die Arbeit der SCHUFA im Wandel der Zeit

Als die SCHUFA im Jahre 1927 angefangen hat, Daten über das Kredit- und Zahlungsverhalten von Privatpersonen auf Karteikarten zu speichern, gab es noch keine spezifischen gesetzlichen Regelungen zum Thema Datenschutz.

Die wohl wichtigste gesetzliche Grundlage für die Datenspeicherung in Deutschland ist das 1977 verabschiedete Bundesdatenschutzgesetz. Hier finden sich sehr weitreichende Regelungen zur elektronischen Datenverarbeitung und zum Schutz der Privatsphäre. Mit den zum 01.01.1978 in Kraft getretenen gesetzlichen Änderungen ergaben sich für die Datenspeicherung der SCHUFA gravierende Änderungen. Die wohl bedeutendste findet sich im § 4 BDSG:

Die Erhebung, Verarbeitung und Nutzung personenbezogener Daten sind nur zulässig, soweit dieses Gesetz oder eine andere Rechtsvorschrift dies erlaubt oder anordnet oder der Betroffene eingewilligt hat.

In Reaktion auf das neue Gesetz wurde die SCHUFA-Klausel entwickelt, die seit 1978 Bestandteil der meisten AGBs der SCHUFA Partnerunternehmen ist. Heute finden Sie in den meisten Anträgen für ein neues Bankkonto, einen Kredit oder ein neues Mobiltelefon eine entsprechende Klausel, die es dem Leistungsanbieter erlaubt, bei der SCHUFA Ihre Anschrift zu prüfen und/oder Ihre Bonität abzufragen.

Hier eine kleine Übersicht von Unternehmen, die eine SCHUFA-Klausel in Ihren AGBs und/oder Verträgen haben[19]:

- Banken
- Mobilfunkanbieter
- Kreditvermittler
- Ebay

[19] Hierbei handelt es sich nur um eine Auswahl, ohne Wertung oder Anspruch auf Vollständigkeit.

- Paypal
- Viele Vermieter und Makler verlangen mittlerweile eine Selbstauskunft von der SCHUFA
- Leasinggesellschaften
- Versandhandelsunternehmen bei Kauf auf Rechnung bzw. Ratenkauf

Hier einige Beispiele für eine aktuelle SCHUFA-Klausel:

Girokonto Direkt

Auf einen Blick | Details | Konditionen | Antrag | Abschluss | ?

1 Daten eingeben   2 Prüfen und Senden   3 Bestätigung

Girokonto Direkt

Möchten Sie das Konto Girokonto Direkt alleine oder als Gemeinschaftskonto führen bzw. wünschen Sie einen zweiten Kontoinhaber?

◉ Ein Kontoinhaber

○ Zwei Kontoinhaber

Eröffnen Sie das Konto für sich?*: ☑ Ja, gemäß § 4 GwG handle ich/handeln wir im eigenen wirtschaftlichen Interesse und nicht auf Veranlassung eines Dritten, insbesondere eines Treugebers.

Schufa-Erklärung*: ☑ Ich willige ein, dass die Stadtsparkasse München der zuständigen Schufa-Gesellschaft (www.schufa.de) Daten über die Beantragung, die Aufnahme und Beendigung dieser Kontoverbindung übermittelt.

STADTSPARKASSE MÜNCHEN[20]. Kurzform der SCHUFA-Klausel bei der Online Kontoeröffnung.

SCHUFA-Klausel zu Telekommunikationsanträgen

Ich willige ein, dass [redacted] der für meinen Wohnsitz zuständigen SCHUFA-Gesellschaft (Schutzgemeinschaft für allgemeine Kreditsicherung) Daten über die Beantragung, Aufnahme und Beendigung dieses Telekommunikationsvertrages übermittelt und Auskünfte über mich von der SCHUFA erhält.

Unabhängig davon wird [redacted] der SCHUFA auch Daten auf Grund nicht vertragsgemäßer Abwicklung (z. B. Kündigung wegen Zahlungsverzuges, beantragter Mahnbescheid bei unbestrittener Forderung sowie Zwangsvollstreckungsmaßnahmen) dieses Vertrages melden. Diese Meldungen dürfen nach dem Bundesdatenschutzgesetz nur erfolgen, soweit dies zur Wahrung berechtigter Interessen von [redacted], eines Vertragspartners der SCHUFA oder der Allgemeinheit erforderlich ist und dadurch meine schutzwürdigen Belange nicht beeinträchtigt werden.

Die SCHUFA speichert die Daten, um den ihr angeschlossenen Kreditinstituten, Kreditkartenunternehmen, Leasinggesellschaften, Einzelhandelsunternehmen einschließlich des Versandhandels und sonstigen Unternehmen, die gewerbsmäßig Geld- oder Warenkredite an Konsumenten geben bzw. Telekommunikationsdienste anbieten, Informationen zur Beurteilung der Kreditwürdigkeit von Kunden geben zu können. An Unternehmen, die gewerbsmäßig Forderungen einziehen und der SCHUFA vertraglich angeschlossen sind, können zum Zwecke der Schuldnerermittlung Adressdaten übermittelt werden. Die SCHUFA stellt die Daten ihren Vertragspartnern nur zur Verfügung, wenn diese ein berechtigtes Interesse an der Datenübermittlung glaubhaft darlegen. Die SCHUFA übermittelt nur objektive Daten ohne Angabe des Kreditgebers; subjektive Werturteile, persönliche Einkommens- und Vermögensverhältnisse sind in SCHUFA-Auskünften nicht enthalten.

Die SCHUFA erstellt auf Basis der übermittelten Daten für Dritte sogenannte Scores. Eine in einem Score zusammengefasste Prognose beschreibt immer nur ein allgemeines Risiko für Kreditverträge mit vergleichbaren Merkmalen. Sie stellt keine Bewertung der Bonität eines konkreten Kunden dar.

Ich kann Auskunft bei der SCHUFA über die mich betreffenden gespeicherten Daten erhalten.
Die Adresse der SCHUFA lautet:

---

[20] Screenshot aus der Online Kontoeröffnung bei der Stadtsparkasse München, www.sskm.de

TELEKOMMUNIKATIONSANTRAG[21]. Hier ein Beispiel für eine SCHUFA-Klausel in einem Telekommunikationsvertrag.

LeaseForce
Aktiengesellschaft

Zustimmung
zur Erteilung einer Bankauskunft / SCHUFA-Auskunft

Leasingnehmer (genaue Anschrift)

Telefon

Telefax

Geburtsort

Geburtsdatum

Ich/Wir beauftrage(n) die nachstehende Bank oder Sparkasse

Name / Anschrift

Kontonummer | Bankleitzahl

Ansprechpartner | Telefon

eine Bankauskunft über mich/uns zu erteilen.

Ort und Datum | **rechtsverbindliche Unterschrift des Leasingnehmers**

SCHUFA-KLAUSEL

Ich willige ein, daß die LeaseForce der SCHUFA Holding AG, Hagenauer Straße 44, 65203 Wiesbaden, Daten über die Beantragung, die Aufnahme (Leasingnehmer, Summe aller Leasingraten, Laufzeit, Ratenbeginn) und vereinbarungsgemäße Abwicklung (z.B. vorzeitige Vertragsbeendigung, Laufzeitverlängerung) dieser Geschäfts- verbindung übermittelt.

Unabhängig davon wird LeaseForce der SCHUFA auch Daten aufgrund nicht vertragsgemäßen Verhaltens (z.B. Forderungsbetrag nach Kündigung) übermitteln. Diese Meldungen dürfen nach dem Bundesdatenschutzgesetz nur erfolgen, soweit dies zur Abwägung aller betroffenen Interessen zulässig ist.

Die SCHUFA speichert und übermittelt die Daten an ihre Vertragspartner im EU-Binnenmarkt, um diesen Informationen zur Beurteilung der Kreditwürdigkeit von natürlichen Personen zu geben. Vertragspartner der SCHUFA sind vor allem Kreditinstitute sowie Kreditkarten- und Leasinggesellschaften. Daneben erteilt die SCHUFA auch Auskünfte an Handels-, Telekommunikations- und sonstige Unternehmen, die Leistungen und Lieferungen gegen Kredit gewähren. Die SCHUFA stellt personenbezogene Daten nur zur Verfügung, wenn ein berechtigtes Interesse hieran im Einzelfall glaubhaft dargelegt wurde. Zur Schuldnerermittlung gibt die SCHUFA Adressdaten bekannt. Bei der Erteilung von Auskünften kann die SCHUFA ihren Vertragspartnern ergänzend einen aus ihrem Datenbestand errechneten Wahrscheinlichkeitswert zur Beurteilung des Kreditrisikos mitteilen (Score-Verfahren).

Ich kann Auskunft bei der SCHUFA über die mich betreffenden Daten erhalten. Weitere Informationen über das SCHUFA Auskunfts- und Score-Verfahren enthält ein Merkblatt, das auf Wunsch von der SCHUFA zur Verfügung gestellt wird. Die Adresse der SCHUFA lautet:

SCHUFA Holding AG, Verbraucherservice, Postfach 600509, 44845 Bochum.
SCHUFA Holding AG, Verbraucherservice, Postfach 5640, 30056 Hannover.

LEASEFORCE AG[22]. Bei Leasinggesellschaften ist die SCHUFA-Klausel in der Regel gleich verbunden mit einer Bankauskunftsermächtigung, d.h. die Leasinggesellschaft nutzt gleich 2 verschiedene Quellen für die Identitäts- und Bonitätsprüfung.

---

[21] Aus einem Internetbeitrag der Schufa Holding AG.

[22] Antragsformular der Leaseforce AG aus dem Internet, heruntergeladen am 14.10.2014.

© New Earth Publishing

Verlangt beispielsweise ein Immobilienmakler oder ein Vermieter einer Wohnung eine Selbstauskunft, so gibt es dafür unterschiedliche Möglichkeiten:

- Er legt Ihnen ein Formular zu Selbstauskunft vor, das Sie ausfüllen und unterschreiben müssen
- Er verlangt eine Selbstauskunft von der SCHUFA, d.h. Sie selbst müssen bei der SCHUFA eine Selbstauskunft beantragen.

Mieter-Selbstauskunft

Ich/ Wir sind an der Anmietung des Objektes

Adresse/ Lage:

ab dem ______ schon/ erst ab dem ______ interessiert.

Mir/ Uns ist bekannt, dass die Selbstauskunft von uns nicht verlangt werden kann, jedoch der Vermieter seine Entscheidung für eine eventuelle Vermietung auf die vollständigen und wahrheitsgemäßen Angaben aus dieser Auskunft stützt und diese zur Vorbedingung macht.

Im Rahmen der **freiwilligen Selbstauskunft** erteile(n) ich/ wir dem Vermieter die nachfolgenden Informationen in Bezug auf eine mögliche Anmietung des o.g. Mietobjekts:

	Mietinteressent/in	**2. Mietinteressent/in**
Name, Vorname (ggfls. Geburtsname)		
Familienstand		
Geburtsdatum		
aktuelle Anschrift Straße | PLZ | Ort		
Telefon-Nummer/ Mobilfunk		
Email-Adresse (freiwillig)		
ausgeübter Beruf		
mtl. Nettoeinkommen		
derzeitiger Arbeitgeber Name | Anschrift | Telefon | seit wann beschäftigt?		
derzeitiger Vermieter Name | Anschrift | Telefon		

Außer mir/ uns sollen noch weitere Personen die Wohnung beziehen ☐ nein ☐ ja

Name, Anschrift	**Geburtsdatum**	**Verwandschaftsverhältnis**

Mieter-Selbstauskunft Stand 11/2013 ein Service von ©www.mietrecht-hilfe.de

MIETERSELBSTAUSKUNFT SEITE 1:. In diesem Formular füllt der Mieter selbst die Auskunft aus.

	Mietinteressent		2. Mietinteressent	
Bestehen **Mietrückstände** aus bisherigen Mietverhältnissen?	☐ nein	☐ ja	☐ nein	☐ ja
In den letzten fünf Jahren wurde **Räumungsklage** gegen mich erhoben (falls, ja, wann)	☐ nein	☐ ja	☐ nein	☐ ja
In den letzten fünf Jahren wurde **Zwangsvollstreckung** gegen mich eingeleitet (im Zusammenhang mit Mietverhältnissen. Falls ja, wann?)	☐ nein	☐ ja	☐ nein	☐ ja
In den letzten fünf Jahren habe ich eine **eidesstattliche Versicherung** abgegeben (falls ja, wann?)	☐ nein	☐ ja	☐ nein	☐ ja
In den letzten fünf Jahren wurde ein **Insolvenzverfahren** gegen mich eröffnet (falls ja, wann)	☐ nein	☐ ja	☐ nein	☐ ja
Vorstrafen/ Haftbefehl (im Zusammenhang mit Mietverhältnissen. Falls ja, wann?)	☐ nein	☐ ja	☐ nein	☐ ja
Ich beziehe **Sozialleistungen** zur Zahlung der Miete/ Kaution (falls, ja, welche und in welchem Umfang, z.B Wohngeld, Sozialhilfe etc.)	☐ nein	☐ ja	☐ nein	☐ ja
Ist eine **gewerbliche Nutzung** der Wohnung beabsichtigt? (falls ja, Zweck angeben)	☐ nein	☐ ja	☐ nein	☐ ja
Tierhaltung beabsichtigt? (falls Haustiere beabsichtigt: Tierart/ Rasse)	☐ nein	☐ ja	☐ nein	☐ ja

I. Ich/ Wir erkläre(n), dass ich/ wir in der Lage bin/ sind, alle zu übernehmenden Verpflichtungen aus dem Mietvertrag, insbesondere die Erbringung der Mietkaution sowie Miete nebst Nebenkosten, zu leisten.

II. Ich/ Wir erkläre(n), dass die vorgenannten Angaben vollständig und wahrheitsgemäß gemacht wurden. Bei Abschluss eines Mietvertrages können Falschangaben die Aufhebung oder fristlose Kündigung des Mietverhältnisses zur Folge haben.

III. Ich/ Wir sind damit einverstanden, dass der Vermieter bei der SCHUFA Holding AG die Schufa-Verbraucherauskunft zum Zwecke der Vermietung einholt. Auf Wunsch kann auch eine SCHUFA Selbstauskunft vorgelegt werden.

IV. Der Vermieter ist berechtigt, diese freiwillige Selbstauskunft nur zum Zwecke der eigenen Vermietung zu nutzen. Sofern die Auskünfte nicht mehr benötigt werden - wenn ein Mietvertrag nicht zustande kommt - hat der Vermieter diese Daten gemäß Bundesdatenschutzgesetz unverzüglich zu vernichten.

Ort, Datum	Mietinteressent/ in	2. Mietinteressent/ in
	____________________	____________________

Mieter-Selbstauskunft Stand 11/2013 ein Service von ©www.mietrecht-hilfe.de

MIETERSELBSTAUSKUNFT SEITE 2:. Auch hier finden Sie auf der Seite 2 unter Punkt III eine SCHUFA-Klausel, bei der der Vermieter berechtigt wird, eine entsprechende Auskunft über den zukünftigen Mieter einzuholen.

Im Gegensatz zur reinen SCHUFA Selbstauskunft werden hier weitere Informationen abgefragt, die alleine das Mietverhältnis betreffen, wie die Frage, ob Sie alleine Mieten oder zusammen mit Ihrem Partner, einem Familienangehörigen oder einem Freund.

Was bedeutet die SCHUFA-Klausel? [23]

Die meisten Kreditinstitute in der Bundesrepublik Deutschland sind der Schutzgemeinschaft für allgemeine Kreditsicherung (SCHUFA) angeschlossen. Die SCHUFA ist eine privatrechtliche Einrichtung, die nach dem Gegenseitigkeitsprinzip Auskünfte über die privaten Vertragspartner der angeschlossenen Unternehmen sammelt und diesen zum Zwecke der Bonitätsbeurteilung auf Anfrage übermittelt; sie unterliegt nicht der Aufsicht der BaFin. Einzelheiten zur Tätigkeit der SCHUFA sind aus deren Internetangebot ersichtlich (www.SCHUFA.de). Dort besteht auch die Möglichkeit, eine Selbstauskunft anzufordern.

Gespeichert und ggf. weiterverwendet werden in jedem Fall nur Angaben über die Beauftragung, Aufnahme und vertragsgemäße Abwicklung des Geschäftsverkehrs (so genannte Positivmerkmale) bzw. Informationen über nicht vertragsgemäßes Verhalten und gerichtliche Vollstreckungsmaßnahmen (so genannte Negativmerkmale). Angaben z.B. über Einkommens- und Vermögensverhältnisse, Kontostand, Depotguthaben und ähnliches werden nicht erfasst.

Für die Weitergabe von Daten an die SCHUFA gelten die Vorgaben des Bundesdatenschutzgesetzes (BDSG). Dieses sieht ausdrücklich vor, dass Kreditinstitute bei der Eröffnung eines Girokontos oder der Beantragung eines Kredits personenbezogene Daten, die das Vertragsverhältnis beschreiben (Begründung, ordnungsgemäße Durchführung und Beendigung) an Auskunfteien, wie z.B. die SCHUFA, weitergeben dürfen (§ 28a Abs. 2 Satz 1 BDSG). Über die bevorstehende Übermittlung der Daten ist der Kunde vor Vertragsschluss zu informieren; dies geschieht in der Regel im Rahmen des Kontoeröffnungsantrages bzw. den Antragsunterlagen.

Diese gesetzliche Erlaubnis zur Weitergabe von Daten gilt allerdings nur für die genannten Daten bzw. Merkmale; **sie gilt jedoch nicht bei der Einrichtung von Girokonten ohne Überziehungsmöglichkeit (§ 28a Abs.2 Satz 3 BDSG).**

Gesetzlich ist die SCHUFA mittlerweile verpflichtet, auf Nachfrage wenigstens 1x im Jahr eine kostenlose Selbstauskunft zu erteilen. Diese können Sie nur schriftlich beantragen. Diese Möglichkeit sollten Sie regelmäßig nutzen, um zu prüfen, welche Informationen die SCHUFA aktuell über Sie gespeichert hat. Sie selbst sind der einzige, der in der Lage ist, zu beurteilen, ob die gespeicherten Daten vollständig und korrekt sind.

Leider ist das auf der Internetseite der SCHUFA ganz gut versteckt und recht trickreich gemacht, denn bei der SCHUFA handelt es sich um ein privates Unternehmen, das mit Gewinnerzielungsabsicht arbeitet. Deshalb verkauft die SCHUFA natürlich lieber eines Ihrer Produkte, als eine kostenlose Selbstauskunft zu erteilen. Aus diesem Grund zeige ich Ihnen Schritt für Schritt, wie Sie das entsprechende Antragsformular finden und was beim Ausfüllen unbedingt zu beachten ist.

Interessant ist es, sich vor Korrekturmeldungen an die SCHUFA einmal Gedanken darüber zu machen, welche Konsequenzen Ihre Korrekturmeldung auf Ihre Bonität bei der SCHUFA haben wird. Sind z.B. nur einige Ihrer Umzüge bei der SCHUFA nicht registriert, d.h. die Chronologie Ihrer Anschriften ist nicht vollständig, dann würde ich das auf sich beruhen lassen, denn: Jeder zusätzliche Umzug verschlech-

---

[23] Auszug von der Internetseite der BaFin (Bundesanstalt für Finanzdienstleistungsaufsicht)

tert tendenziell Ihre Bonität (Ihr Scoring). Sie finden im Kapitel Scoring und am Ende dieses Buches im Kapitel Tipps und Tricks noch einige Hinweise auf den Einfluss von Informationen auf die Beurteilung Ihrer Person durch die SCHUFA.

Zunächst rufen Sie im Internet die Seite www.meineSCHUFA.de auf.

KOSTENLOSE SELBSTAUFKUNFT SCHUFA 01:. Im ersten Schritt wählen Sie den Bereich Service aus.

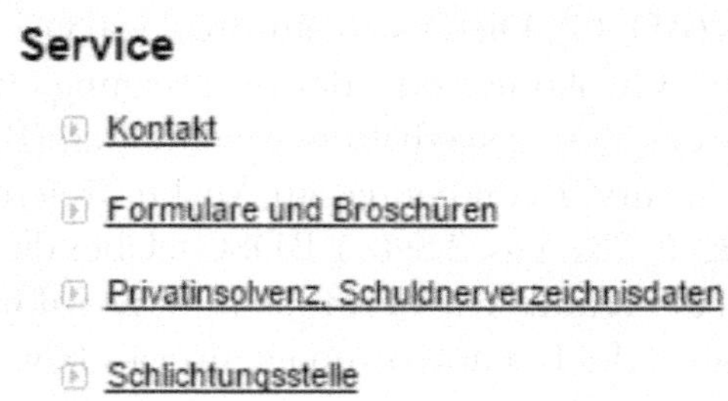

KOSTENLOSE SELBSTAUFKUNFT SCHUFA 02:. Auf der Serviceseite wählen Sie Formulare und Broschüren.

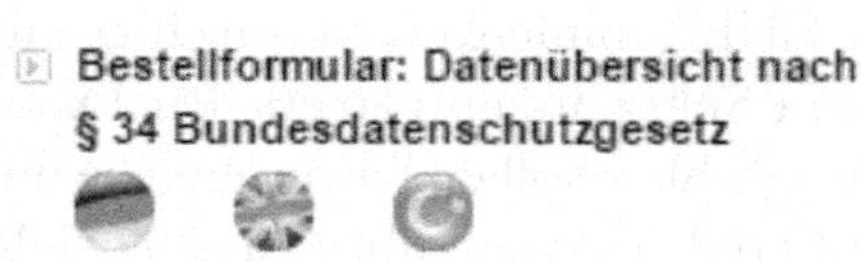

KOSTENLOSE SELBSTAUFKUNFT SCHUFA 03:. Und hier finden Sie ganz am Ende der Auswahl das Bestellformular nach § 34 Bundesdatenschutzgesetz[24].

Wählen Sie jetzt Ihre Sprache aus, um zum Formular zu gelangen. Ich habe im Folgenden der Einfachheit halber mit deutsch weitergemacht. Ich sehe es allerdings als großen Fortschritt an, dass das Formular für die Selbstauskunft mittlerweile in 3 verschiedenen Sprachen vorliegt und es damit für ausländische Mitbürger einfacher wird, mit diesen Formularen zu arbeiten und deren Inhalt zu verstehen.

[24] Hierbei handelt es sich um das Formular für eine kostenlose Selbstauskunft, auch wenn Ihnen im Formular durch diverse Zusätze etwas anderes suggeriert wird.

© New Earth Publishing

Wir schaffen Vertrauen

schufa

Seite 1

Bestellformular Datenübersicht nach § 34 BDSG

In der Datenübersicht nach § 34 Bundesdatenschutzgesetz finden Sie alle Informationen, die bei der SCHUFA über Sie gespeichert werden. Sie erfahren, woher diese stammen und an wen sie weitergeleitet wurden.

Angaben zur Person (Pflichtfelder)

Bitte in Druckbuchstaben ausfüllen. Herr ☐ Frau ☐

Vorname

Name

Straße | Hausnummer

PLZ | Wohnort

Geburtsdatum | Geburtsort

Wir weisen darauf hin, dass wir ggf. Angaben zu Ihren Personalien als zusätzliche Identifikationskriterien zum Zwecke der Erteilung von Auskünften in den SCHUFA-Datenbestand übernehmen.

Sonstige Angaben (optional)

Geburtsname | Frühere Namen

E-Mail-Adresse

Frühere Adresse (nur auszufüllen, wenn sich Ihre Adresse in den letzten 12 Monaten geändert hat):

Straße | Hausnummer

PLZ | Wohnort

Nur diese beiden Felder ankreuzen und das Fomular unterschreiben.

☐ **Bestellung Datenübersicht nach § 34 BDSG** Wir wollen, dass Sie umfassend informiert sind. Sie erhalten mit Ihrer Datenübersicht nach § 34 Bundesdatenschutzgesetz auch die in den letzten 12 Monaten von Vertragspartnern angefragten Wahrscheinlichkeitswerte mitgeteilt. Beim Scoring wird anhand von gesammelten Erfahrungen eine möglichst zuverlässige Prognose für die Zukunft erstellt. Anhand mathematisch-statistischer Verfahren wird beispielsweise die Wahrscheinlichkeit berechnet, mit der ein Kunde seinen Zahlungsverpflichtungen vertragsgemäß nachkommen wird.

☐ **Aktuelle Wahrscheinlichkeitswerte** Bitte ankreuzen, falls Sie auch Ihre aktuellen Wahrscheinlichkeitswerte erfahren möchten.

Datum, Unterschrift

Diesen unteren, im Original Formualr in blau eingerahmten Bereich können Sie komplett ignorieren.

☐ **Alternativ:** Bestellung Bonitätsauskunft € 24,95 (inkl. 19 % MwSt.) – Ihre Vorteile zwei Dokumente auf einmal:

- beweiskräftige Auskunft **für Ihre Geschäftspartner (z. B. wenn diese bei der Anmietung einer Wohnung verlangt wird)**, die **nicht alle** Ihre SCHUFA-Informationen enthält, sondern nur die, die nötig sind um Vertrauen zwischen Ihnen und Ihrem Geschäftspartner aufzubauen
- und eine klar strukturierte, umfangreiche Auskunft **zu Ihrer persönlichen Verwendung**, die **alle** Ihre SCHUFA-Informationen enthält.

Datum, Unterschrift

Bankverbindung (Pflichtfelder bei der Bestellung der SCHUFA-Bonitätsauskunft)

IBAN

Kontoinhaber

☐ **SEPA-Lastschriftmandat**
Ich ermächtige die SCHUFA Holding AG, Zahlungen von meinem Konto mittels Lastschrift einzuziehen. Zugleich weise ich mein Kreditinstitut an, die von SCHUFA Holding AG auf mein Konto gezogenen Lastschriften einzulösen.

Datum, Unterschrift des Kontoinhabers

Vorsitzender des Aufsichtsrats: Alexander Boldyreff
Vorstand: Dr. Michael Freytag (Vorsitzender), Holger Severitt, Peter Villa
SCHUFA Holding AG · Kormoranweg 5 · 65201 Wiesbaden · HRB 12286 Amtsgericht Wiesbaden

KOSTENLOSE SELBSTAUFKUNFT SCHUFA 04: Achtung: die Infomation in dem blau umrandeten Kästchen ist nur relevant, wenn Sie zusätzlich eine kostenpflichtige Bonitätsauskunft wünschen. Kreuzen Sie deshalb bitte nur die Punkte Bestellung Datenübersicht und Aktuelle Wahrscheinlichkeitswerte an und tragen Sie auf keinen Fall eine Bankverbindung ein.

Wir schaffen Vertrauen

schufa

Seite 2 zum Bestellformular Datenübersicht nach § 34 BDSG

Informationen zum Bestellformular

1 Formular vollständig ausfüllen

2 Bitte Ausweisdokumente kopieren und beifügen

Damit wir Sie eindeutig identifizieren können, bitten wir Sie, Ihrer Bestellung eine gut lesbare beidseitige Kopie Ihres Ausweisdokuments beizulegen. Aus der Kopie müssen Vor- und Zuname/n, die vollständige Anschrift, Ihr Geburtsdatum und Geburtsort deutlich für uns erkennbar sein. Alle übrigen Angaben sowie das Foto können geschwärzt werden. Sie helfen uns hiermit, weitere Rückfragen zu vermeiden und Ihre Bestellung schneller zu bearbeiten.

Deutsche Staatsbürger	ODER	Bürger anderer Staaten
Kopie Personalausweis **ODER** Kopie Reisepass und Kopie Meldebescheinigung		Kopie Reisepass (copy passport) **ZUSAMMEN MIT** (in connection with) Kopie Meldebescheinigung (copy registration card)

3 Formular und Dokumente per Post versenden

Bitte senden Sie das Bestellformular zusammen mit den Kopien Ihrer Ausweisdokumente in einem ausreichend frankierten Umschlag an:

Briefmarke (stamp)

SCHUFA Holding AG
Postfach 10 25 66
44725 Bochum

Absender
Vorname Name
Straße Hausnummer
PLZ Wohnort

Hinweis zum SEPA-Lastschriftverfahren bei alternativer Bestellung der SCHUFA-Bonitätsauskunft:

Sie können innerhalb von acht Wochen, beginnend mit dem Belastungsdatum, die Erstattung des belasteten Betrages verlangen. Es gelten dabei die mit Ihrem Kreditinstitut vereinbarten Bedingungen.
Die Mandatsreferenz wird Ihnen direkt auf der SCHUFA-Bonitätsauskunft mitgeteilt.

SCHUFA Holding AG, Kormoranweg 5, 65201 Wiesbaden
Gläubiger-Identifikationsnummer DE87ZZZ00000239351

Den Rechnungsbetrag von **€ 24,95** (inkl. 19 % MwSt.) werden wir innerhalb von zwei Wochen nach Fertigstellung der Auskunft von Ihrem angegebenen Bankkonto per SEPA-Basislastschrift einziehen. Wir bitten Sie, für Kontodeckung zu sorgen.

KOSTENLOSE SELBSTAUFKUNFT SCHUFA 05: Das unterschriebene Formular schicken Sie jetzt mit einer Kopie Ihres Personalausweises oder einer Kopie von Ihrem Reisepass in Verbindung mit einer Kopie Ihrer Meldebescheinigung an die SCHUFA Holding AG, Postfach 102566, 44725 Bochum. Den Hinweis zum SEPA-Lastschriftverfahren können Sie ignorieren, sofern Sie nicht zusätzlich die kostenpflichtige Bonitätsauskunft bestellt haben.

Stellen Sie Eintragungen fest, die nicht zutreffend sind oder die Ihrer Meinung nach unzulässiger Weise gespeichert wurden, können Sie sich mit Ihrem Anliegen direkt an die SCHUFA wenden. Diese wird - ggf. nach Einholung einer Stellungnahme bei dem betreffenden Unternehmen - eine Klärung veranlassen. Alternativ können Sie sich natürlich auch direkt mit dem Unternehmen, das die unzutreffende Eintragung veranlasst hat, in Verbindung setzen und eine Korrekturmeldung an die SCHUFA verlangen.

Das Problem mit der Korrekturmeldung aus Sicht eines Betroffenen ist nur folgendes: Sie können nur Korrekturen beantragen für Eintragungen, die falsch sind und von denen Sie wissen, dass diese Eintragungen vorhanden sind. Der einzige, der Ihnen Auskunft darüber gibt, welche Informationen über Ihre Person bei der SCHUFA gespeichert sind, ist die SCHUFA selbst. In meinen Augen versagt an dieser Stelle die tatsächliche Kontrolle, denn der Kontrolleur kontrolliert sich im Grunde selbst.

Welche Informationen werden gespeichert[25]?

Folgende Daten werden gespeichert:

KONTAKTDATEN

- Name, Vorname, Geburtsdatum, Geschlecht, (Geburtsort), (Geburtsname)
- aktuelle Anschrift, frühere Anschriften (somit auch "Umzugsverhalten")

ART, GEGENSTAND UND ZAHLUNGSBEDINGUNGEN DES JEWEILIGEN GESCHÄFTS

- Kredit- und Leasingverträge mit Betrag und Laufzeit
- Eröffnung von Konten (Girokonto, Pfändungsschutzkonto)
- Ausgegebene Kreditkarten
- Einrichtung eines Telekommunikationskontos (Laufzeitverträge)
- Kundenkonten des Handels, Versandhandels

ABWEICHENDES ZAHLUNGSVERHALTEN

- Forderungen, die fällig, ausreichend gemahnt und nicht bestritten sind
- Forderungen nach gerichtlicher Entscheidung und deren Erledigung

[25] Quelle: http://de.wikipedia.org/wiki/Schufa

MISSBRAUCH VON KONTEN/KREDITKARTEN NACH NUTZUNGSVERBOT

ANGABEN AUS ÖFFENTLICHEN VERZEICHNISSEN, AMTLICHEN BEKANNTMACHUNGEN

- Abgabe der Eidesstattlichen Versicherung (aus Schuldnerverzeichnis)
- Haftbefehl zur Abgabe der Eidesstattlichen Versicherung
- Beantragung/Eröffnung eines **privaten** Insolvenzverfahrens
- Abweisung, Einstellung des Verbraucherinsolvenzverfahrens mangels Masse

ANFRAGEN

- Anfragen nach Branche
- Konditionsanfragen

Die Höhe des Einkommens oder die Höhe des Kontostands werden nicht gespeichert.

KÜRZEL ZUR SPEICHERUNG AUSGEWÄHLTER MERKMALE IN DER SCHUFA

- **GI**: **Gi**rokonto
- **CC**: Kreditkarte (**C**redit**c**ard)
- **TK**: **T**elekommunikations**k**onto
- **SU**: **Su**chauftrag
- **IA**: **I**nsolvenz**a**ntrag
- **CA**: Kreditkarte (**C**reditcard) in **A**bwicklung
- **WS**: **W**ider**s**pruch

Folgende Merkmale werden nicht mehr neu ein gemeldet oder wurden durch andere Merkmale ersetzt:

- **VB**: **V**ollstreckungs**b**escheid
- **ZW**: **Zw**angsvollstreckung
- **GK**: **G**irokonto **K**ündigung
- **SM**: **S**checkkarten **M**issbrauch
- **LP**: **L**ohn**p**fändung
- **EV**: **E**idesstattliche **V**ersicherung (aktuell: Vermögensauskunft)
- **HB**: **H**aft**b**efehl
- **SW**: **S**chuldner **W**iderspruch

© New Earth Publishing

Wann werden gespeicherte Daten gelöscht?

Eine der wichtigsten Fragen für den Verbraucher ist: Wann werden Einträge über mich wieder gelöscht?

Für die Löschung der über Sie gespeicherten Daten gibt es unterschiedliche, gesetzlich geregelte Fristen. Nach Ablauf dieser Fristen werden die Daten automatisch gelöscht. Hier eine Auswahl von gesetzlichen Bestimmungen zu einzelnen Informationen:

- Informationen zu Giro- und Kreditkartenkonten nach Kontoauflösung.

- Informationen über Kredite nach drei Jahren nach dem Jahr der Rückzahlung.

- Informationen zu nicht vertragsgemäß abgewickelten Geschäften, auch nach deren Erledigung, zum Ende des dritten Jahres ab Aufzeichnung.[26]

- Daten aus Schuldnerverzeichnissen, wie **E**idesstattliche **V**ersicherung (neu jetzt Vermögensauskunft) oder ein Haftbefehl zur Abgabe einer EV werden nach **3 Jahren** gelöscht[27]. Haftbefehl zur Erzwingung der Abgabe einer eidesstattlichen Versicherung (ehem. Offenbarungseid) gegenüber einem Gerichtsvollzieher (§ 802g ZPO).

- Insolvenzmerkmale, einschließlich der Erteilung der Restschuldbefreiung, bleiben in der Regel drei Jahre zum Ende des Kalenderjahres gespeichert.

- Verkürzte Speicherfrist bei kurzfristigem Zahlungsausgleich. Die SCHUFA bietet unter bestimmten Voraussetzungen die Möglichkeit, dass Forderungen bei kurzfristigem Zahlungsausgleich vorzeitig aus dem SCHUFA-Datenbestand gelöscht werden. Ziel dieser neuen Regelung ist es, insbesondere Verbrauchern mit kurzfristigen finanziellen Engpässen, die Möglichkeit zu geben, einmalige Zahlungsstörungen durch eigenverantwortliches Handeln in ihrer langfristigen Wirkung zu beeinflussen.[28]

---

[26] Im Falle von Zahlungsausfällen können Vertragspartner die SCHUFA grundsätzlich nur über offene, ausreichend gemahnte und unbestrittene Forderungen informieren. Diese Informationen bleiben nach Erledigung der Forderung in der Regel noch drei Jahre zum Jahresende im Datenbestand der SCHUFA zu der Person gespeichert.

[27] Eine vorzeitige Löschung aus dem Verzeichnis der SCHUFA ist möglich, sofern Sie eine Löschungsbestätigung vom zuständigen Amtsgericht bei der Schufa einreichen. Das setzt eine Bezahlung der Verbindlichkeit(en) voraus, die Grund für die Beantragung des Haftbefehls waren.

[28] Folgende Voraussetzungen müssen erfüllt sein, damit solche Forderungen vorzeitig aus dem SCHUFA-Datenbestand gelöscht werden: der Betrag der entsprechenden Forderung ist kleiner oder gleich 2.000 €, die Forderung wurde innerhalb von 6 Wochen beglichen sowie vom Gläubiger der SCHUFA als beglichen mitgeteilt, es darf sich nicht um eine titulierte Forderung, wie etwa einen Vollstreckungsbescheid, handeln. (www.schufa.de)

Trifft eine dieser Voraussetzungen nicht zu, bleibt die Forderung wie bisher als "Erledigt" bis zum Ende der Speicherfrist (in der Regel drei Jahre) im SCHUFA-Datenbestand gespeichert.

Grundsätzlich haben Sie natürlich unabhängig von der Frist einen Anspruch auf Löschung von falschen Einträgen. Das setzt allerdings voraus, dass Sie von solchen Einträgen Kenntnis haben. Die erlangen Sie entweder von Lieferanten, die eine Auskunft über Sie eingeholt haben oder durch eine Selbstauskunft, die Sie 1x jährlich kostenlos bei der SCHUFA anfordern können.

Fragen zur Selbstkontrolle:

☺ **Testen Sie Ihr Wissen**

1) In welchem Gesetz ist geregelt, dass Sie Ihr Einverständnis zur Speicherung von Daten über Ihre Person geben müssen?
2) Was versteht man unter der SCHUFA Klausel?
3) Welche Informationen speichert die SCHUFA?
4) Wie oft haben Sie Anspruch auf eine kostenlose SCHUFA Selbstauskunft?
5) Wo und in welcher Form können Sie eine SCHUFA Selbstauskunft beantragen?
6) Wann wird der Eintrag eines Haftbefehls bei der SCHUFA gelöscht?
7) Unter welchen Voraussetzungen können Sie eine vorzeitige Löschung eines Haftbefehls beantragen?

© New Earth Publishing

Kapitel 4

Die elektronische Speicherung von Personendaten

Hier erhalten Sie einen Überblick, wie Personendaten gespeichert werden und welche Probleme dabei entstehen können.

Der erste Schritt für die erfolgreiche Speicherung von Personendaten ist die korrekte Identifizierung einer Person. Dafür werden im ersten Schritt Vor- und Zuname der Person und die vollständige Wohnanschrift herangezogen. Reicht das nicht aus, eine Person eindeutig zu identifizieren, dann wird zusätzlich das Geburtsdatum herangezogen.

Beim Thema Datenspeicherung ist zu berücksichtigen, dass die SCHUFA bereits 1972 damit begonnen hat, Kunden- und Bonitätsdaten in elektronischer Form zu speichern. Zur der damaligen Zeit gab es für die Datenspeicherung noch eine ganze Reihe von Einschränkungen, die heute als überholt gelten.

In der Anfangsphase wurden bei der SCHUFA die bis dahin auf Karteikarten festgehaltenen Informationen nach und nach von Datentypistinnen in die neue entwickelte Elektronische Datenverarbeitung (EDV) übertragen.

Dazu wurden in erster Linie Frauen eingestellt, die gut und schnell Maschine schreiben konnten, um möglichst effizient, schnell und kostengünstig alle Informationen von den Karteikarten in die EDV zu übertragen, um auf diese Weise Informationen auf diese Weise unabhängig von der Anwesenheit von Mitarbeitern schnell und vor allem Standortunabhängig verfügbar machen zu können.

Parallel dazu wurde durch die maschinelle Verknüpfung von Daten eine Vielzahl von neuen Abfrage und Auswertungsmöglichkeiten[29] geschaffen, mit deren Hilfe neue Leistungen angeboten werden konnten, die in der Folge eine deutliche Steigerung von Umsatz und Ertrag brachten.

---

[29] Einige dieser Auswertungsmöglichkeiten und Scorings stehen in der Öffentlichkeit immer wieder in der Kritik, weil die SCHUFA sich bis heute erfolgreich dagegen wehrt, wie einzelne Auskünfte und Scores im Detail ermittelt werden. Aktuellstes Beispiel ist wohl das eingangs zitierte BGH Urteil.

Die Handicaps der ersten elektronischen Datenverarbeitung

Zu Beginn der 70er Jahre steckte das Thema Datenverarbeitung noch in den Kinderschuhen. Speicherplatz war knapp und teuer. Es wurde in der Regel unmittelbar im Quellcode, d.h. in Maschinensprache programmiert und Sonderzeichen waren Tabu. Das hatte natürlich einen Einfluss auf die ersten Speicherungen von Personendaten und den Aufbau der ersten Datenbanken.

Die mangelnde Fähigkeit, Sonderzeichen, wie Umlaute (ä=ae, ö=oe und ü=ue) oder das ß=ss und andere, resultierte bei der Datenspeicherung in eine Änderung der Schreibweise. Das bedeutete nicht nur zusätzlichen Aufwand, sondern unter Umständen auch einen Verlust an Informationen und in Folge damit eine erhöhte Verwechslungsgefahr. Ähnliches gilt für ausländische Namen[30] mit entsprechenden Sonderzeichen, die in dieser Form bei der SCHUFA nicht darstellbar sind.

Dazu kam, auf Grund des sehr knappen und teuren Speicherplatzes das Bestreben, möglichst effizient zu programmieren und so wenige Daten, wie möglich, zu speichern. Ein Beispiel, das zum Jahreswechsel entsprechende Probleme mit sich bringen sollte, war die nur 2-stellige Jahreszahl bei allen Datumsfeldern.

Auch bei der Erfassung der Daten hat sich einiges geändert. In der Anfangsphase mussten von der SCHUFA alle Daten manuell erfasst werden. D.h. es gab so genannten Datentypistinnen (die Mehrzahl der in der reinen Erfassung beschäftigen Personen war weiblich), die mit Hilfe eines Erfassungssystems die bis zu diesem Zeitpunkt in Karteikarten festgehaltenen Informationen abgeschrieben und so in eine elektronische „Datenbank" übertragen haben. Diese Datentypistinnen waren speziell geschult und haben täglich sehr große Datenmengen erfasst und auf Grund Ihrer Wiederkehrenden Tätigkeit und der Vertrautheit mit dieser Art von Informationen eine bemerkenswert niedrige Fehlerquote bei der Datenerfassung an den Tag gelegt.

Heute werden viele Informationen in elektronischer Form über Schnittstellen aus Fremdsystemen in die Datenbank der SCHUFA übertragen. Dabei kommt es vor, dass Daten von Personen erfasst werden, die in aller Regel auch noch andere Tätigkeiten ausüben und quasi nur nebenbei auch Personendaten im System erfassen. Das schlägt sich teilweise in der Qualität der Daten nieder.

Um die Datenspeicherung und die Problematik bei der Arbeit mit Datenbanken für den Leser verständlicher zu machen, an dieser Stelle ein kleiner Exkurs in diese Thematik:

---

[30] Aktuell haben wir in Deutschland einen Ausländeranteil von knapp 10%. Dazu kommen Bürger ausländischer Herkunft, die über die deutsche Staatsbürgerschaft verfügen.

Wie arbeitet eine Datenbank?

Vorab die Definition einer Datenbank, Quelle: Wikipedia:

„Eine Datenbank, auch **D**aten**b**ank**s**ystem (**DBS**) genannt, ist ein System zur elektronischen Datenverwaltung. Die wesentliche Aufgabe eines DBS ist es, große Datenmengen effizient, widerspruchsfrei und dauerhaft zu speichern und benötigte Teilmengen in unterschiedlichen, bedarfsgerechten Darstellungsformen für Benutzer und Anwendungsprogramme bereitzustellen.

Ein DBS besteht aus zwei Teilen: der Verwaltungssoftware, genannt **D**aten**b**ank**m**anagement**s**ystem (**DBMS**) und der Menge der zu verwaltenden Daten, der **D**aten**b**ank (**DB**) im engeren Sinn, zum Teil auch „Datenbasis" genannt. Die Verwaltungssoftware organisiert intern die strukturierte Speicherung der Daten und kontrolliert alle lesenden und schreibenden Zugriffe auf die Datenbank. Zur Abfrage und Verwaltung der Daten bietet ein Datenbanksystem eine Datenbanksprache an.

Datenbanksysteme gibt es in verschiedenen Formen. Die Art und Weise, wie ein solches System Daten speichert und verwaltet, wird durch das Datenbankmodell festgelegt. Die gebräuchlichste Form eines Datenbanksystems ist das relationale Datenbanksystem."

Vereinfacht ausgedrückt haben Sie auf der einen Seite eine oder mehrere Tabellen mit Informationen, auf der anderen Seite ein Programm, dass es Ihnen erlaubt, die Daten in der(n) Tabellen abzufragen und miteinander zu verknüpfen. Nehmen Sie beispielsweise Ihr persönliches Telefonbuch: Hier tragen Sie in der Regel folgende Informationen ein: Name, Vorname, Telefonnummer, PLZ, Ort und die Straße. Und später ergänzen Sie vielleicht noch die Handynummer.

Dann gibt es aber auch noch Menschen, die wollen noch weitere Informationen hinterlegen, wie Geburtstag, Hobbies, Geschlecht, Kinder usw. Irgendwann reicht der Platz nicht mehr aus und Sie fangen eine 2. Liste an, in unserem Beispiel eine Geburtstagsliste. Dann haben Sie schon 2 Informationsquellen, Ihr Telefonbuch und Ihre Geburtstagsliste. Im einfachsten Fall enthalten bei den Vor- und Nachnamen, so dass die Zusammenhänge auf den ersten Blick klar werden.

Wenn Sie jetzt eine komplette Liste wollen, dann benötigen Sie die folgenden Informationen:

1) Sie müssen wissen, dass die Tabelle 1 (Ihr Telefonbuch) existiert, wo sie zu finden ist und welche Informationen (Felder) vorhanden sind.

2) Sie müssen wissen, dass es eine weitere Tabelle, Ihre Geburtstagsliste, gibt und welche Felder diese enthält.

3) Sie benötigen Zugriff auf beide Tabellen.

4) Sie müssen wissen, mit welchem Schlüsselfeld Sie die beiden Tabellen miteinander verknüpfen können, um die Informationen, in unserem Beispiel die Anschrift und die Telefonnummer auf der einen Seite und das Geburtsdatum auf der anderen Seite, zusammenzuführen.

Im einfachsten Fall stehen in beiden Fällen Vorname und Nachname zur Verfügung, so dass Sie die Auswertung im Klartext zusammenführen können. In einer einfachen Excel Tabelle sind sicherlich viele von Ihnen in der Lage, diese Verknüpfung zu erstellen.

Jetzt schauen Sie sich zum Vergleich einmal Facebook an. Hier kann jeder ein eigenes Profil anlegen mit unterschiedlichsten Informationen aus seinem Leben. Neben persönlichen Informationen gibt es hier die Möglichkeit, ein Foto hochzuladen, eine vollständige Timeline anzulegen und quasi sein ganzes Leben darzustellen und transparent zu machen. Und bei jeder einzelnen Information können Sie festlegen, wer diese Information sehen kann:

- Öffentlich, d.h. jeder der bei Facebook angemeldet ist.

- Freunde, also alle, die auf Facebook mit Ihnen befreundet sind und deren Freunde.

- Freunde ohne Bekannte: nur Freunde, aber nicht deren Freunde.

- Nur ich, zum Speichern von Bildern und Informationen die nicht für andere bestimmt sind.

- Nur bestimmte Personen: Sie können je Person entscheiden, wem Sie Zugriff auf eine bestimmte Information geben wollen. Beispiel: Sie laden Fotos von Ihrem Urlaub hoch und nur Ihre Freundin/Ihr Freund erhält Zugriff auf die Bilder.

Und zu diesen ganzen Möglichkeiten kommt jetzt noch die Timeline, d.h. Sie können jeden Augenblick Informationen aus Ihrem täglichen Leben veröffentlichen und jeweils entscheiden, welche Informationen Sie wem zur Verfügung stellen können.

Ähnlich verhält es sich bei der SCHUFA. Die SCHUFA legt ein Profil von Ihnen an und speichert Informationen zu Ihrer Person. Neben diesen Stammdaten, wie Name, Vorname, Geburtsname, Geburtsort, Geschlecht, vollständige Anschrift und weiteren Informationen werden auch Ereignisse zu Ihrer Person gespeichert: Ein Umzug, eine Kontoeröffnung, ein neuer Handyvertrag, ein Darlehen und vieles mehr. Und viele dieser Informationen werden in unterschiedlichen Tabellen gespeichert.

Und je mehr Informationen gespeichert werden, desto mehr Möglichkeiten der Auswertungen ergeben sich. Theoretisch ist es mit diesen Informationen sowohl möglich, die Umzugshistorie einer Person darzustellen, als auch das Bewohnerprofil einer Adresse.

Zu dieser, mittlerweile ohnehin schon recht komplexen Struktur aus Datenbestand und Zugriffsrechten kommen jetzt noch einige weitere Besonderheiten hinzu:

- Informationen in Datenbanksystemen werden in aller Regel in Maschinensprache gespeichert und nicht in Klartext.

© New Earth Publishing

- Die Verknüpfung der einzelnen Tabellen erfolgt über sogenannte Schlüsselfelder, z.B. eine fortlaufende Nummer, die bei der Erfassung eines neuen Datensatzes automatisch vom System vergeben wird.
- Oft kommt zusätzlich noch eine Verschlüsselung hinzu, um aus Gründen des Datenschutzes unberechtigten Zugriff zu verhindern.

Sie merken schon, für einen Außenstehenden, der sich nicht intensiv mit der Materie beschäftigt, wird es schon sehr schwierig, nachzuvollziehen, welche Informationen über eine einzelne Person gespeichert sind und welche Auswertungen damit tatsächlich möglich sind und gemacht werden.

Und jetzt noch einmal zurück zu Facebook: Sie haben bereits gesehen, wie vielfältig die Informationen sind, die Facebook über den einzelnen Nutzer speichert, die für Sie als Anwender sichtbar sind. Dazu kommen noch eine ganze Reihe von Informationen, die gespeichert werden, die Sie als Nutzer in der Regel gar nicht bewusst wahrnehmen. Das fängt an mit der Speicherung jeder Anmeldung mit Datum, Uhrzeit und der IP-Adresse[31], über die Sie sich angemeldet haben. Das können Sie ganz einfach prüfen, indem Sie sich im Urlaub einmal aus einem Internetkaffee in Ihrem Facebook Account anmelden. Mit hoher Wahrscheinlichkeit kommt dann eine Meldung, dass Sie sich von einem anderen Gerät bei Facebook anmelden und Sie werden aufgefordert, sich zusätzlich zu Ihrem Login zu identifizieren.

Worauf ich hinaus will, ist es, Ihnen aufzuzeigen, dass Sie weder genau wissen, welche Informationen Facebook über Sie als Person speichert, noch sind Sie in der Lage, wirklich zu kontrollieren, welche Informationen Facebook wann, wo und in welcher Form verwendet, z.B. für zielgerechte Werbung.

Ähnlich verhält es sich bei der SCHUFA. Sie als Anwender sehen nur die Daten, die die SCHUFA Ihnen bei Beantragung einer Selbstauskunft zur Verfügung stellt. Sie sind weder in der Lage, zu prüfen, ob diese Informationen vollständig sind, noch wissen Sie, wo und in welcher Form (was für eine Datenbank, welche Codierung, welche Tabellen, welche Verknüpfungen) diese Daten gespeichert werden.

Aus diesem Grund gibt es in jedem Bundesland einen Datenschutzbeauftragten, dem die SCHUFA Rechenschaft ablegen muss, was Sie für Daten speichert. Dieses Thema werde ich einem eigenen Kapitel weiter vertiefen.

[31] Eine IP-Adresse ist eine Adresse in Computernetzen, die – wie das Internet – auf dem Internetprotokoll (IP) basiert. Sie wird Geräten zugewiesen, die an das Netz angebunden sind, und macht die Geräte so adressierbar und damit erreichbar.

© New Earth Publishing

Die Schnittstellenproblematik

Längst ist die Zeit vorbei, in der grundsätzlich alle Informationen mehrfach manuell erfasst und in Karteikarten eingetragen werden. Egal ob bei einer Bank, einer Telefongesellschaft oder in einer Arztpraxis, sobald ein Datensatz über eine Person einmal elektronisch erfasst ist, wird er in aller Regel nur noch erweitert und aktualisiert und in der Folge in elektronischer Form weiterverarbeitet und weitergeleitet.

Schauen wir uns den Informationsaustausch in einer modernen Arztpraxis einmal an. Sie geben Ihre Krankenversicherungskarte ab und Ihre Anschrift und Ihre Versicherungsdaten werden elektronisch ausgelesen und in die Software der Arztpraxis übernommen[32]. Die Helferin fragt Sie in der Regel nur noch, ob die Anschrift noch aktuell ist und ergänzt noch Ihre Telefonnummer.

Nach der Behandlung werden Ihre Daten zusammen mit den für die Berechnung der erbrachten Leistung erforderlichen Informationen an eine ärztliche Verrechnungsstelle weitergeleitet. Dort wird, je nachdem, ob Sie privat oder gesetzlich versichert sind, eine Rechnung an die Krankenkasse oder an Sie persönlich ausgestellt und wahlweise per Post oder in elektronischer Form weitergeleitet. Anschließend werden diese Abrechnungsinformationen in ein Buchhaltungssystem übertragen, wo der Zahlungseingang überwacht wird.

Kommt es jetzt bei einer direkt an Sie adressierten Rechnung zu einer Zahlungsstörung, so wird zunächst ein Mahnverfahren und im nächsten Schritt ein gerichtliches Mahnverfahren eingeleitet. Ab diesem Zeitpunkt können die Daten zusätzlich an die SCHUFA übermittelt und gespeichert werden. An dieser Stelle bekommt die SCHUFA dann in elektronischer Form Daten übermittelt, die an anderer Stelle erfasst wurden. Wobei wir noch mit sehr hoher Wahrscheinlichkeit davon ausgehen können, dass die Daten, mit Ausnahme der Anschrift vielleicht, korrekt und aktuell sind.

Nehmen wir ein anderes Beispiel: Sie gehen in einen Elektronikmarkt und kaufen dort ein neues Handy und schließen einen neuen Vertrag ab. Dort sieht die Situation schon wieder anders aus. In der Regel füllen Sie hier einen entsprechenden Antrag aus, d.h. Sie tragen Ihren Namen, Ihre Anschrift und Ihr Geburtsdatum manuell in ein entsprechendes Formular oder der Mitarbeiter erfasst die Daten direkt am Computer. Hier haben wir bereits eine Reihe möglicher Fehlerquellen.

Der Verkäufer steht unter Druck, denn er muss in kürzester Zeit möglichst viele Verträge abschließen. In der Regel steht schon der nächste Kunde hinter Ihnen und wartet. Meist sind die Verkäufer noch sehr jung und unerfahren und lassen sich leicht nervös machen. Hier kann es leicht zu Fehlern kommen, z.B. weil ein Name oder ein Geburtsdatum falsch verstanden wird. Oder es kommt zu einem Tippfehler bei der Erfassung. Und diese, zum Teil fehlerhaften Daten werden jetzt in elektronischer Form an die SCHUFA weitergeleitet und in deren System übernommen.

---

[32] Für die regelmäßige Aktualisierung Ihrer Anschrift auf der Krankenversicherungskarte sind Sie selbst verantwortlich. Ähnlich, wie die Änderung der Anschrift in Ihrem Personalausweis im zuständigen Bürgerbüro können Sie bei der für Sie zuständigen Niederlassung Ihrer Krankenkasse Ihre Anschrift auf dem Chip Ihrer Krankversicherungskarte ändern lassen. In der Regel ist hierfür keine Termin erforderlich.

Und so gibt es eine Vielzahl von Schnittstellen, über die Daten an die SCHUFA gemeldet werden und wo es zu Fehlern kommen kann. Die SCHUFA greift unter anderem auf Daten von Banken, Versicherungen und Handelsunternehmen zu. Und durch die elektronische Form der Übermittlung und die Masse der Daten ist eine systematische, manuelle Nachbearbeitung nicht mehr möglich. Hier bleibt nur, programmtechnisch gewisse Plausibilitätsprüfungen[33] zu machen und Stichprobenkontrollen durchzuführen.

[33] Die Plausibilitätskontrolle, auch Plausibilitätsprüfung oder Plausibilisierung, ist eine Methode, in deren Rahmen ein Wert oder allgemein ein Ergebnis überschlagsmäßig daraufhin überprüft wird, ob es überhaupt plausibel, also annehmbar, einleuchtend und nachvollziehbar sein kann oder nicht.

Falsche Angaben von Betroffenen

Eine weitere Fehlerquelle ist die Angabe von falschen und/oder fehlerhaften, bzw. unvollständigen Informationen von Betroffenen. Stellen Sie sich vor, eine Person, die bereits eine schlechte Bonität hat, möchte bei einem Online Versandhändler etwas auf Rechnung bestellen. Nennen wir die Person in unserem Beispiel Lillie Maria Muster. Sie ist geboren am 01.11.1964. Und um es noch ein wenig verwirrender zu machen, wohnt Lillie Maria Muster in einem Hochhaus mit 68 Wohneinheiten.

Natürlich gibt es über Lillie Maria Muster auch einen Datensatz bei der SCHUFA. Wenn jetzt allerdings Lillie Maria Muster eine Bestellung unter dem Namen Maria Muster aufgibt, und vielleicht auch noch beim Geburtsdatum aus dem 01.11.1964 den 11.1.1964 macht, wird bei einer möglichen Identitäts- bzw. Bonitätsprüfung kein passender Datensatz gefunden. Eventuell gespeicherte, negative Merkmale werden nicht gemeldet. Jetzt gibt es 2 Möglichkeiten: a) es kommt die Meldung, Person nicht zu ermitteln (da das Geburtsdatum nicht passt) oder b) es gibt eine Person mit diesem Namen und Geburtsdatum, dann werden unter Umständen die Werte dieser Person gemeldet.

Jetzt wird bei der SCHUFA für den Fall, dass Lillie Maria Muster nicht bezahlt, ein falscher Datensatz gemeldet. Auf diese Weise kommt es zu Fehleinträgen, die nur auffallen, wenn im Rahmen einer Prüfung eindeutig ermittelt werden kann, dass dieser Datensatz falsch ist. Da es auf Grund der hohen Datenbestände nicht möglich ist, jeden einzelnen Datensatz vor Ort zu überprüfen, gibt es nur gewisse Plausibilitätsprüfungen, d.h. ein genaue Einzelprüfung wird nur veranlasst, wenn bereits im Vorfeld Unstimmigkeiten auftreten, die auf einen Fehler hinweisen. Die Krux dabei ist, dass in der Regel nicht einmal ein Gerichtsvollzieher beim Betroffenen vor Ort mit Hilfe eines Personalausweises eine eindeutige Identifikation der Person vornimmt. In aller Regel begnügt er sich damit, zu Fragen: Sind Sie Lillie Maria Muster? Wird die Frage mit ja beantwortet, stellt er seinen Bescheid zu, fragt, ob Sie zahlen können und damit ist für Ihn die Sache für den Moment erledigt. Gegebenenfalls lädt er Sie dann vor, eine Vermögensaufstellung abzugeben, sofern der Gläubiger das im Falle einer Nichtbezahlung fordert.

Darüber hinaus hat der Gläubiger die Möglichkeit, einen Haftbefehl gegen den Schuldner zu beantragen, für den Fall, dass dieser sich weigert, eine Vermögensaufstellung abzugeben. Hier gab es zum 01.01.2013 wichtige gesetzliche Änderungen.

Durch das Gesetz zur Reform der Sachaufklärung in der Zwangsvollstreckung wurde das deutsche Zwangsvollstreckungsrecht zum 1. Januar 2013 in wichtigen Punkten erneuert. Insbesondere vereinfachte das Gesetz die Zwangsvollstreckung in Forderungen und trennte die Sachaufklärung von den Rechtsfolgen einer ergebnislosen Vollstreckung. Es erleichterte die Informationsbeschaffung für den Gläubiger und modernisierte und zentralisierte das Verfahren und die Führung von Schuldnerverzeichnissen.

Fragen zur Vertiefung

☺ Testen Sie Ihr Wissen

1) Was ist der Unterschied zwischen einer vollständigen Kontrolle und einer Stichprobe?

2) Was versteht man unter einer Plausibilitätsprüfung?

3) Was ist eine Datenbank?

4) Welche Informationen können Sie als Anwender in einer Datenbank nur sehen bzw. auswerten?

© New Earth Publishing

Kapitel

5

Das Scoring

Was bedeutet Scoring und wie wird es bei der SCHUFA eingesetzt?

Generell bedeutet Scoring primär für das Zählen von Punkten Im erweiterten Sinne wird es für analytisch statistische Verfahren benutzt, aus wenigen erhobenen Daten anhand von Erfahrungswerten, die in Score-Cards beschrieben werden, zu Risikoeinschätzungen zu kommen.[34]

Grundsätzlich wird unterschieden zwischen generischem Scoring, bei dem eine Person oder Personengruppe nach subjektiven Merkmalen eine Bewertungsmöglichkeit aufbaut und statistischem Scoring, bei dem die zu beurteilenden Merkmale mit Hilfe statistischer Methoden gewonnen und mit einander kombiniert werden.

Das generisches Scoring haben die meisten von uns bereits mehr oder weniger bewusst angewendet, wenn es darum ging eine Entscheidung aus mehreren Auswahlmöglichkeiten zu treffen, wie z.B. bei der Wahl des Urlaubszieles.

[34] Quelle: Wikipedia

Generisches Scoring

Zum besseren Verständnis möchte ich Ihnen vorab ein kleines Beispiel geben für ein generisches Scoring, wie Sie es selbst für sich oder innerhalb ihrer Familie oder mit Freunden durchführen können.

Stellen Sie sich folgende Situation vor:

Sie suchen eine neue Wohnung.

Dann gibt es für diese Wohnungssuche eine Reihe von Bedingungen, die erfüllt sein müssen (so genannte KO-Kriterien) und eine Reihe von Bedingungen, die Ihre Entscheidung positiv beeinflussen. Um die eigene Entscheidung zu erleichtern, können Sie jetzt mit Hilfe eines einfachen Bewertungsschlüssels (Scoringmodell) die Entscheidungsfindung vereinfachen.

Hintergrundinformation: Ich bin Single, trage mich aber mit dem Gedanken, mir wieder eine feste Partnerin zu suchen. Ich habe im Hinterkopf, dass die Wohnung auch für 2 Personen groß genug sein sollte. Grund für meinen Umzug ist der Wechsel meiner Arbeitsstelle. Weil ich in meiner Freizeit gerne lese und selbst Bücher schreibe, bevorzuge ich eine ruhige Lage im Grünen.

Um das Verfahren einfach und übersichtlich zu gestalten, beschränke ich mich bei meinem Beispiel auf lediglich 5 Faktoren, wohl wissend, dass in der Praxis eine ganze Menge weiterer Faktoren relevant sein können.

Meine Auswahlkriterien:

1) Der Preis: Auf Grund meiner aktuellen, finanziellen Situation kann ich mir maximal eine Miete inkl. Nebenkosten in Höhe von EUR 900,00 leisten.

2) Am liebsten möchte ich eine Wohnung in der Nähe meiner Arbeitsstelle, d. h. ein weiteres Entscheidungskriterium ist die Entfernung zu meinem Arbeitsplatz.

3) Als weiteres Entscheidungskriterium ist für mich wichtig, dass ich in der Nähe der Wohnung gute Einkaufsmöglichkeiten habe, die ich im Zweifel auch zu Fuß und mit dem Fahrrad erreichen kann.

4) Ich wünsche mir eine ruhige Lage, am liebsten im Grünen.

5) Die Größe der Wohnung, am liebsten mit separatem Arbeitszimmer.

Nach längerer Suche bleiben 3 Objekte in der engeren Wahl:

a) Eine Wohnung in einem alten Bauernhof. Parken kann ich direkt vor dem Haus. Die Miete inkl. Nebenkosten beträgt EUR 870,00. Die Lage ist relativ zentral an einer Straße; mit Garten nach hinten raus, d.h. es ist grün, und auf der Seite zum Garten auch ruhig. Nach ca. 500m Fußweg bin ich mitten im Wald. Die nächsten Einkaufsmöglichkeit, eine Bäckerei, ist 500m vom Haus in 1,5 km gibt es 3 verschiedene Supermärkte und einen Bauernmarkt. Die Wohnung hat ca. 85 qm und 3 Zimmer plus eine Galerie im Wohnzimmer. Die Entfernung zur Arbeit beträgt 14 km bei guter Verkehrsanbindung, d.h. ich bin mit dem Auto in ca. 15 Minuten im Büro.

b) Ein Apartment mit 2 Zimmern und Kochnische. Die Lage ist in einer kleineren Siedlung, ruhig und grün. Es gibt in der Siedlung eine Bäckerei. Zum Einkaufen muss ich in den 5 Kilometer entfernten Nachbarort fahren, wo ich dann ein Einkaufszentrum zur Verfügung habe. Die Entfernung zu meiner Arbeit beträgt 22 km, ich brauche mit dem Auto ca. 25 Minuten. Das Apartment kostet EUR 690,00, dazu kommen Nebenkosten für Heizung und Wasser in Höhe von EUR 150,00

c) Eine 3-Zimmer Wohnung in unmittelbarer Nähe zur Arbeit. Die Wohnung ist hell und schön geschnitten. Die Lage ist ruhig und ich habe 2 Häuser weiter einen Supermarkt. Ich kann zu Fuß in die Arbeit gehen. Die Miete beträgt EUR 850,00 zuzüglich EUR 200,00 Nebenkosten.

d) Ein Ein-Zimmer-Apartment im Nachbarort. Das Apartment befindet sich in einer größeren Wohnanlage, d.h. es verhältnismäßig laut. Die Miete beträgt EUR 500,00 zuzüglich EUR 140,00 Nebenkosten. Der nächste Supermarkt ist 500m entfernt und die Entfernung zur Arbeit beträgt 30 km, d.h. ich bin ca. 30 Minuten unterwegs.

Im Ersten Schritt ist zu prüfen, ob eine der angebotenen Wohnungen eines meiner KO-Kriterien verletzt. In meinem Beispiel gibt es nur ein KO-Kriterium und das ist die Miete mit max. EUR 900,00 inkl. Nebenkosten. Damit fällt Alternative c) bereits raus, denn hier liegt die Miete bei EUR 850,00 zuzüglich Nebenkosten in Höhe von EUR 200,00, das macht in Summe EUR 1.050,00. Damit verbleiben noch 3 Alternativen, a, b und d.

Um aus diesen 3 Alternativen eine Auswahl zu treffen, muss ich zunächst prüfen, ob meine verbleibenden Auswahlkriterien alle gleichwertig sind, ob ich hier eine Gewichtung vornehmen möchte. Nachdem ich ev. auch noch zu zweit in der Wohnung leben möchte, hat für mich die Größe eine besondere Bedeutung, d.h. ich gewichte hier mit dem Faktor 2.

Um mir die Auswahl zu erleichtern, vergebe ich jetzt einfach eine Rangfolge für die verbleibenden 3 Alternativen inkl. Gewichtung der Größe. Damit ergibt sich folgende Matrix in Bezug auf die von mir festgelegten Kriterien:

1) d, b, a

2) a, b, d

3) a, d, b

4) b, a, d

5) a, b, d

Daraus ergeben sich folgende Punkte:

Alternative a) 3 Punkte aus 1, 1 Punkt aus 2, 1 Punkt aus 3, 2 Punkte aus 4 und 2 Punkte aus 5 (doppelt gewichtet), macht in Summe: 9 Punkte.

Alternative b) 2 Punkte aus 1, 2 Punkte aus 2, 3 Punkte aus 3, 1 Punkt aus 4 und 4 Punkte aus 5 (doppelt gewichtet), macht in Summe: 12 Punkte.

Alternative c) ist bereits ausgeschieden.

Alternative d) 1 Punkt aus 1, 2 Punkte aus 2, 2 Punkte aus 3, 3 Punkte aus 4 und 6 Punkte aus 5 (doppelt gewichtet) macht in Summe: 14 Punkte.

Die Entscheidung fällt klar für Alternative a.

In der Folge betrachten wir bei der SCHUFA nur noch das statistische Scoring[35].

[35] Eine gute Einführung in das Thema Scoring finden Sie unter www.scoring-wissen.de .

Scoring als Instrument der Risikobewertung

Beim statistischen Scoring wird anhand von gesammelten Erfahrungen aus der Vergangenheit eine möglichst zuverlässige und objektive Prognose für die Zukunft erstellt. Dazu werden große Mengen an Informationen analysiert und statistisch ausgewertet[36].

Dazu gehört zunächst einmal, die vorhandenen Daten zu validieren, d.h. zu prüfen. Dabei werden die Daten jeweils auf das gewünschte Prüfkriterium hin untersucht.

Das Scoring dient in erster Linie dazu, Geschäftsleuten an Hand von objektiven Kriterien die Möglichkeit zu geben, aus bereits gesammelten Erfahrungen eine Risikobewertung zu machen und damit die Chancen und Risiken zukünftiger Geschäfte besser abschätzen zu können. Dabei liefert das Scoring verschiedene Werte, die dann zur Entscheidung über ein bestimmtes Geschäft oder einen Kredit herangezogen werden.

So dient beispielsweise das Scoring bei KFZ-Versicherungen dazu, dass Risiko einzelner Risikogruppen, wie z.B. von Fahranfängern, zu beurteilen, um zu vermeiden, dass erfahrene Autofahrer wegen der Fahranfänger deutlich höhere Prämien zahlen müssen. Im Gegensatz zur SCHUFA wird Versicherungen in der Regel offengelegt, nach welchen Kriterien eine Risikogruppe bewertet wird. Hier handelt es sich um ein offenes, transparentes Verfahren.

Ein wenig anders stellt sich das Scoring-Verfahren bei der SCHUFA dar: Wie Sie aus dem Zitat am Anfang dieses Buches entnehmen konnten, hat es die SCHUFA bis heute erfolgreich geschafft, einen Offenlegung der Berechnung Ihrer verschiedenen Scorewerte zu verhindern.

Das ist insofern nicht unkritisch, als die Scorewerte unter anderem mit dazu herangezogen werden, Personen zu beurteilen in Bezug auf lebensnotwendige Dinge, wie die Eröffnung eines Girokontos[37] oder den Abschluss einer Grundversicherung.

Auf den folgenden Seiten möchte ich Ihnen das Thema Scoring in Verbindung mit der SCHUFA ein wenig näher bringen.

---

[36] https://www.schufa.de/de/private/wissenswertes/schufascoring/schufa_und_score.jsp

[37] In der heutigen Zeit ist es kaum noch möglich, am gesellschaftlichen Leben teilzunehmen, ohne im Besitz eines Girokontos zu sein, das die Teilnahme am elektronischen Zahlungsverkehr ermöglicht. Insbesondere, seit in vielen Fällen Barzahlung mit deutlichen Aufschlägen belegt wird. So verlangt z.B. der MVV in München beim Kauf einer Fahrkarte am Fahrscheinautomaten einen für Barzahlung im Vergleich zur Kredit- oder Girokarte einen Aufschlag von bis zu 10%.

Scoringwerte bei der SCHUFA

Von der SCHUFA selbst gibt es teils widersprüchliche Informationen zur Berechnung Ihrer eigenen Scorewerte. So ist zum Beispiel auf der Internetseite https://www.SCHUFA.de/de/private/wissenswertes/SCHUFAscoring/SCHUFA_und_score.jsp im **fett** gedruckten Absatz nachzulesen:

Wichtig zu wissen: **Die SCHUFA ist** aufgrund ihrer umfassenden Datenbasis (positive und negative Informationen) **die einzige Auskunftei, die** standardmäßig mit rein personenbezogenen und kreditrelevanten Informationen Scores berechnen kann und **auf die Nutzung von Anschriftendaten verzichtet**. SCHUFA-Standardscores für Verbraucher basieren ausschließlich auf den Informationen, die Sie auch in Ihrer SCHUFA-Auskunft sehen können[38].

Im **Infoblatt zur Scoreübersicht**[39], das Sie weiter unten auf derselben Internetseite finden, heißt es dann unter Anschriftendaten:

🗁 Wichtig

„Die SCHUFA verwendet in der Regel keine Bewertung der Anschrift selbst oder Ihres Umfelds. Wenn wenig personenbezogene kreditrelevante Informationen vorliegen, verwendet die SCHUFA zum Scoring für einige Ihrer Vertragspartner auch kreditrelevante SCHUFA-Daten aus der direkten Umgebung der Anschrift. Es erfolgt aber kein Geoscoring[40] auf der Grundlage von externen Geomarkting-Daten."

Diese Formulierung lässt durchaus die Interpretation zu, dass die SCHUFA sehr wohl in „einzelnen Fällen" und nur für „ausgewählte Partner" mit Geoscoring arbeitet. Dabei verfügt die SCHUFA allerdings über so umfangreiche, eigene Daten und Informationen, dass Sie nicht darauf angewiesen ist, **zusätzlich Fremdinformationen** im Bereich des Geomarkting zu kaufen.

Was die SCHUFA allerdings auf Wunsch macht, ist beim Kunden vorhandene Merkmale in die Ermittlung des gewünschten Scorewertes einzubeziehen. So besteht für große Kunden, wie z.B. Banken und Versicherungen, die Möglichkeit, bei der SCHUFA individuelle Scores für bestimmte Fragestellungen ermitteln zu lassen.

---

[38] Zitat von https://www.schufa.de/de/private/wissenswertes/schufascoring/schufa_und_score.jsp

[39] Stand Oktober 2014

[40] Geoscoring dient der Ermittlung der Kreditwürdigkeit von Kunden anhand des Wohnortes. Dabei geht es nicht um die individuellen Merkmale eines jeden Kunden und seiner persönlichen Zahlungsfähigkeit. Beim Geoscoring wird geprüft, ob Nachbarn ihre Kredite und Rechnungen bezahlen um Rückschlüsse auf die eigene Kreditwürdigkeit zu schließen. Die Logik dahinter ist, dass die Bewohner einer Wohngegend häufig eine ähnliche wirtschaftliche Leistungsfähigkeit besitzen und das "Risiko" für alle Bewohner höher eingestuft wird unabhängig von der tatsächlichen Situation. Besonders Versandhändler möchten so Zahlungsausfälle vermeiden. Die Unternehmen können ihre elektronischen Bestellsysteme so einem bestimmten Kundenkreis anpassen und bspw. die Bezahlung von Waren per Rechnung nicht zur Verfügung stellen und stattdessen nur die Option der Vorkasse anbieten. (www.wikipedia.de)

Die Problematik beim Scoring

Die große Frage bei der Analyse großer Datenmengen stellt sich im ersten Schritt, wenn es darum geht, welche der vorhandenen Kriterien sind für eine bestimmte Entscheidung überhaupt relevant. Im zweiten Schritt geht es dann darum, die einzelnen Kriterien entsprechend zu gewichten, d.h. festzulegen wie groß der Einfluss eines einzelnen Auswahlkriteriums auf den Entscheidungsprozess ist.

Wird die Auswahl der Scorewerte von Menschen getroffen, so gibt es eine Reihe von Faktoren, die den Score maßgeblich beeinflussen:

- Die subjektive Einschätzung der Person, die die Auswahl trifft.
- Die willkürliche Kombination der ausgewählten Faktoren.
- Die Fähigkeit der auswählenden Person, die Relevanz der einzelnen Werte zu beurteilen.

Um die Ergebnisse zu verbessern, werden heute vielfach Programme eingesetzt, die auf Grund umfangreicher Auswertungen historischer Daten prüfen, welche Daten für die gewählte Fragestellung wirklich relevant sind. Auf diese Weise erhalten Sie statistisch relevante Informationen, von denen die Historie belegt, dass ein direkter Zusammenhang zwischen Ihrer Fragestellung und dem ausgewählten Merkmal besteht.

Diese Programme bieten den Vorteil, dass sie in der Lage sind, sehr große Datenmengen zur Beurteilung heranzuziehen und sehr schnell und zuverlässig auszuwerten. Bedenkt man, dass die SCHUFA seit 1972 systematisch Informationen über alle erfassten Personen sammelt, wird schnell klar, was hier für ein Informationspool für derartige Bewertungen und Beurteilungen zu Grunde gelegt werden kann.

Dabei zeigt sich immer wieder, insbesondere durch Recherchen von Autoren und Journalisten, dass weit mehr Informationen gespeichert und zur Ermittlung von Sorces herangezogen werden, als bekannt und/oder von Privatpersonen einsehbar ist.

Um Ihnen einen kleinen Einblick und hoffentlich auch einen Denkanstoß zu geben, habe ich zum Abschluss des Themas Scoring im folgenden Abschnitt eine brisante Reportage von NDR Info zitiert, um das Thema einmal aus einer anderen Perspektive und mit anderen Worten zu betrachten.

Geheime Liste: Worauf die SCHUFA achtet[41]

Was hat die SCHUFA im Blick? NDR Info kennt die geheimen Bewertungskriterien.

Wie lange existiert ein Bankkonto oder eine Adresse, wie viele Kreditanfragen stellt ein Verbraucher und wie viele Bankkonten oder frühere Anschriften hat er? Das sind die Informationen, auf die Deutschlands größte Auskunftei, die SCHUFA, offenbar am meisten achtet. Auf einer NDR Info vorliegenden, geheimen SCHUFA-Liste stehen sie ganz oben - als am häufigsten in die Verbraucherbewertungen einbezogene Variablen. Weitaus seltener werden demnach Daten wie das Lebensalter, die Häufigkeit von Krediten oder ihre Laufzeit mit in den sogenannten Scorewert einberechnet.

Eine Formel als Geschäftsgeheimnis

Die SCHUFA selbst weigert sich offenzulegen, wie ihre Verbraucherbewertungen im Einzelnen zustande kommen. Die sogenannte Scoreformel, also die Art und Weise, wie Bonitätsnoten berechnet werden, sei das zentrale Geschäftsgeheimnis seines Unternehmens, betont SCHUFA-Chef Michael Freytag immer wieder: die "Coca-Cola-Formel". Ein Punkt, in dem der Bundesgerichtshof in einem Urteil vom Januar 2014 Freytag Recht gab. Auskunfteien müssten Verbrauchern lediglich mitteilen, welche Daten sie für ihr Scoring heranziehen, nicht aber erklären, wie sie die Noten berechnen. Das Urteil stieß jenseits der Auskunfteibranche allerdings auf breite Ablehnung. Von Datenschützern über Verbraucherschützer bis hin zu Kriminalbeamten: Alle fordern sie von SCHUFA und Co. größere Transparenz. Schließlich solle ein Verbraucher wissen, wie er sich verhalten muss, damit seine Kreditwürdigkeit möglichst gut bewertet wird.

Viele Fragen bleiben unbeantwortet

Die geheime Liste bringt nun mehr Licht in die Arbeit der SCHUFA, auch wenn sie längst nicht alle Fragen beantwortet. Erstellt wurde das Dokument im Vorfeld eines Treffens von SCHUFA-Vertretern mit den Datenschutzbehörden der Bundesländer im Juli 2010, bei dem das Unternehmen seine Scoreverfahren vorstellte. Genau 18 Punkte wurden darin aufgeführt, die die SCHUFA bei ihrem Scoring betrachtet. Fast 42 Millionen Fälle früherer Jahre hat man dem Dokument zufolge dafür unter-

[41] von Peter Hornung und Benedikt Strunz, NDR Info vom 10.04.2014

sucht und danach ausgewertet, wie häufig einzelne Variablen dabei verwendet wurden.

Die Rangliste der SCHUFA-Kriterien (nach Häufigkeit der Abfrage):

1. Merkmalsalter

Ein Kriterium ist, wie lange ein bestimmtes Merkmal der SCHUFA schon bekannt ist. Es geht zum Beispiel um das "Alter der ältesten Bankverbindung" oder "Alter der jüngsten Adresse".

2. Anfragenzählung

Wie häufig stellt ein Verbraucher Kreditanfragen? Diese Statistik findet auch häufig Eingang in die Bewertung der SCHUFA.

3. Institutszählung

Bei der Institutszählung geht es darum, wie viele Bankverbindungen ein Verbraucher hat. Die SCHUFA hat sich dazu nicht im Detail geäußert.

4. Voranschriften

Die SCHUFA betrachtet, wie viele frühere Anschriften bekannt sind, also wie häufig jemand umgezogen ist. Die SCHUFA sagt dazu: "In unseren Erläuterungen zum Scoreverfahren in der Datenübersicht nach Paragraph 34 des Bundesdatenschutzgesetzes verweisen wir darauf, dass die Anzahl der Anschriften mit in Scores einfließt."

5. Negative

Wie viele negative Zahlungserfahrungen - von der mehrfach gemahnten Rechnung über die Eidesstattliche Versicherung ("Offenbarungseid[42]") bis zur Privatinsolvenz - gibt es? Details dazu hat die SCHUFA nicht herausgegeben.

6. Alter

Hier wird das Lebensalter des Verbrauchers betrachtet. Von anderen Auskunfteien ist bekannt, dass ältere Verbraucher tendenziell besser bewertet werden.

7. Merkmalszählung

Dieses Kriterium beschreibt offenbar die Tatsache, wie viele Merkmale über einen Verbraucher überhaupt vorhanden sind. Weitere Informationen hat die SCHUFA nicht öffentlich gemacht.

8. Geburtsort

[42] Offenbarungseid ist die veraltete, aber im alltäglichen Sprachgebrauch noch oft genutzte Bezeichnung für die Eidesstattliche Versicherung, der Vollständigkeit und Richtigkeit der im Vermögensverzeichnis gemachten Angaben.

Zum Geburtsort als Kriterium sagt die SCHUFA, es gehe nur um die Frage, ob der Geburtsort bekannt ist oder nicht - und nicht darum, wo jemand geboren ist. Eine Diskriminierung wegen eines Geburtsorts im Ausland könne also nicht stattfinden.

9. Geschlecht

Zum Thema "Geschlecht als Kriterium" hat die SCHUFA hat sich nicht geäußert. Andere Auskunfteien geben Frauen einen Bonus und Männern einen Malus.

10. Q-Bit

Q-Bit beschreibt eine Identitätsprüfung durch die SCHUFA. Andere Auskunfteien bewerten Personen besser, die einem Vertragspartner schon einmal ihren Personalausweis vorgelegt haben.

11. Kredithäufigkeit

Die SCHUFA betrachtet auch, wie häufig ein Verbraucher Kredite in Anspruch genommen hat. Weitere Informationen hierzu gibt es nicht.

12. Laufzeit

Ein weiteres Kriterium ist, wie lange ein Kredit läuft. Die SCHUFA hat sich dazu nicht im Detail geäußert

13. Volumen

Die SCHUFA lässt auch die Tatsache, wie hoch ein Kredit ist, mit in die Bewertung einfließen. Weitere Einzelheiten hierzu gibt sie nicht heraus.

14. Erledigung

Die SCHUFA betrachtet auch, ob man einen Kredit zurückgezahlt hat, er also "erledigt" ist. Mehr Details hierzu veröffentlicht die Auskunftei nicht.

15. Basisscore

Die SCHUFA sagt dazu: "Der Basisscore wurde als repräsentativer Orientierungswert für Verbraucher entwickelt. Er wird in der Datenübersicht nach Paragraph 34 des Bundesdatenschutzgesetzes ausgewiesen und nicht als Ganzes an Vertragspartner übermittelt. Wie andere Variablen auch wurde der Basisscore in wissenschaftlichen Verfahren als ein Mittel identifiziert, um eine höhere Aussagekraft bei Scorewerten zu erzielen." Die SCHUFA nimmt hier also eine Verbrauchernote und berechnet damit eine weitere.

16. Mikrogeographie

Das Wohnumfeld eines Verbrauchers wird ebenfalls betrachtet. Nach Aussagen der SCHUFA ist das ein sehr selten herangezogenes Kriterium. Andere Auskunfteien nutzen es in weit größerem Maße. An diesem Punkt ist die SCHUFA - auch in den Augen von Datenschützern - fast vorbildlich.

Denn es gibt nicht nur den einen SCHUFAscore, es gibt laut der Liste 140 verschiedene Scores, die branchenspezifisch Verbraucher bewerten, und bei denen jedes Mal andere Daten miteinander kombiniert werden. Das Alter einer bei der SCHUFA gespeicherten Information ist dabei ganz offenbar am wichtigsten. Es wird bei fast 98 Prozent der von der SCHUFA erstellten Bewertungen heranzogen. Es geht beispielsweise darum, wie alt die aktuelle Adresse ist oder das älteste Bankkonto einer Person.

Welche Logik dahintersteckt, sagt die SCHUFA nicht. Doch es ist ein offenes Geheimnis, dass mit diesem Kriterium versucht wird festzustellen, wie stetig ein Mensch ist. Einfach gesagt: Jemand, der lange an einer Adresse wohnt und schon lange ein bestimmtes Bankkonto besitzt, hat Pluspunkte jemandem gegenüber, der häufig umzieht und auch noch die Bank gewechselt hat. Trotzdem ist das Scoring der SCHUFA weitaus komplizierter: Was für den einen als Nachteil ausgelegt wird, kann für den anderen durchaus ein Vorteil sein. Die genaue Systematik des Verfahrens will die SCHUFA geheim halten.

Was wird wie gewichtet?

Auf den ersten Blick scheint bemerkenswert: Negativinformationen über einen Verbraucher - vom Nichtzahlen von Rechnungen bis hin zu einer Privatinsolvenz - stehen erst an fünfter Stelle und haben somit einen weniger starken Einfluss auf das Scoring als von Experten bisher vermutet. Auch die Anzahl aufgenommener Kredite, das Kreditvolumen sowie deren Laufzeit tauchen auf der Liste vergleichsweise spät auf. Das heißt jedoch nicht, dass diese Kriterien im Einzelfall nicht großen oder gar den größten Einfluss auf die Bonitätsnote haben könnten.

Die SCHUFA betrachtet nur andere Dinge eben häufiger, weil sie - wie sie selbst erklärt - nur über neun Prozent der Verbraucher Schlechtes zu sagen weiß. Es geht den Wiesbadenern also vor allem darum, die große Mehrheit von 91 Prozent der geschäftsfähigen Erwachsenen differenziert zu beurteilen und - vereinfacht gesagt - diejenigen herauszufiltern, die in Zukunft einmal Geld schuldig bleiben könnten.

Hat die SCHUFA Einschränkungen befürchtet?

Erstellt wurde die Liste, weil man bei der SCHUFA vor dem Treffen mit den Datenschützern im Sommer 2010 offenbar etwas nervös war. Mit einer "Ad-Hoc-Analyse" wollte man abschätzen, "zu welchen Aufwänden ein Verbot bestimmter Score-Variablentypen durch die Aufsichtsbehörden (...) führen könnte." Sprich: Man befürchtete wohl, dass die Aufsichtsbehörden die Großauskunftei in ihrer Arbeit einschränken könnten, und wollte deshalb von den eigenen Fachleuten wissen, was das bedeute.

Diesem Eindruck widerspricht jedoch ein Unternehmenssprecher: Man habe keineswegs "Befürchtungen" gehabt. Vielmehr gehöre es zur "unternehmerischen Sorgfaltspflicht, sich auf Gespräche mit der Aufsichtsbehörde vorzubereiten und dabei auch die Folgen möglicher Veränderungen zu prüfen (...)." Die "tatsächlich verwendeten Variablen" habe die SCHUFA den Aufsichtsbehörden "offen kommuniziert" - als einzige Auskunftei Deutschlands. "Als Ergebnis der Gespräche musste die SCHUFA keine Veränderungen ihrer Prozesse vornehmen." Allerdings: Den versammelten Datenschützern hatte die SCHUFA zwar in einer Powerpoint-Präsentation ihr Scoreverfahren ausführlich erklärt. Was in der Geheimliste stand,

© New Earth Publishing

erfuhren die Ländervertreter jedoch nicht - obwohl es sie durchaus interessiert hätte, wie NDR Info aus Kreisen verschiedener Aufsichtsbehörden erfuhr.

Das vertrauliche Dokument offenbart noch ein pikantes Detail: Offenbar informiert die SCHUFA Verbraucher bislang nicht über alle gespeicherten Daten, wenn ein Verbraucher anfragt - obwohl sie dazu gesetzlich verpflichtet ist. So erfährt man nicht, für wie alt die SCHUFA die aktuelle Adresse hält - obwohl der SCHUFAliste zufolge das Alter eines Merkmals von erheblicher Bedeutung für die Verbraucherbewertung zu sein scheint.

Transparenz? Fehlanzeige!

Verbraucher haben somit keine Chance, Fehler zu erkennen und eine Korrektur anzumahnen - mit womöglich negativen Folgen für die eigene Kreditwürdigkeit. Die SCHUFA erklärte dazu, es handle sich nur um ein "technisches Datum, das keinen Lebenssachverhalt über den Betroffenen" beschreibe und deshalb nicht in die Datenschutzübersicht aufgenommen werde müsse. Der zuständige hessische Datenschutzbeauftragte sei "seit 2010 umfassend über unsere Auskunftspraxis und sämtliche verwendeten Scorevariablen, also auch die Verwendung des Einmeldedatums einer Anschrift und deren Nichtbeauskunftung, informiert", so die SCHUFA. Keine Behörde habe dies bisher moniert.

Datenschützer kritisieren SCHUFA

Doch hätten das die SCHUFA-Juristen nicht selbst wissen können? Das Gesetz und auch das jüngste Urteil des Bundesgerichtshofs seien ziemlich eindeutig, so die von NDR Info befragten Datenschutzbehörden der Länder. "Der Begriff 'technisches Datum' trifft hier nicht zu", sagt Michael Kaiser vom Amt des Hessischen Datenschutzbeauftragten. "Wenn etwas in die Scorewerte mit einfließt, dann beschreibt es natürlich einen Lebenssachverhalt."

Das sagt auch Thilo Weichert, Datenschutzbeauftragter von Schleswig-Holstein - und seine Kollegen in Nordrhein-Westfalen, Hamburg und Baden-Württemberg stimmen ihm zu: "Alle Daten, die zu einer Person gespeichert sind, müssen auch in einer Auskunft an diesen Verbraucher enthalten sein." Dass die Datenschützer bislang keine Einwände gegen die Praxis der Großauskunftei erhoben haben, hat offenbar schlicht einen Grund: Es war ihnen nicht aufgefallen.

SCHUFA will bislang nichts ändern

Nachbessern will die SCHUFA in Sachen Transparenz bislang nicht - und die Gesetzeslage gibt ihr Recht. Allerdings zeigt sich das Wiesbadener Unternehmen offen, was die Einbeziehung weiterer Daten in die Verbraucherauskünfte anbelangt. Man habe erst am Mittwoch dieser Woche erfahren, dass dies die Behörde des Hessischen Datenschutzbeauftragten Michael Ronellenfitsch verlangen könnte - nachdem diese von NDR Info auf das Manko angesprochen worden war: "Sollte die Aufsichtsbehörde es für sinnvoll halten, das technische Meldedatum zu Anschriften in der Datenübersicht aufzunehmen, dann werden wir dies umsetzen." Bisher gebe es dazu jedoch noch keine Aufforderung, so die SCHUFA.

© New Earth Publishing

🗁 Wichtig

Diese Liste stellt eine Momentaufnahme dar. Wie bei allen Dingen gibt es auch in den Datenbeständen und Abfragen der SCHUFA ständig Änderungen. Aktuell läuft bei der SCHUFA ein großes Projekt zur Umstellung des Datenbanksystems. In der Regel werden in Folge einer solchen Umstellung auch Abfragemechanismen geändert.

Der Schuldneratlas

Im Bereich der Bonitätsprüfung wird zunehmend der Bereich des Geomarketing herangezogen. Insbesondere, wenn über eine Person wenig bekannt ist, wird an Hand der Anschrift und Erfahrungen mit anderen Personen, die in der Nähe der angefragten Person wohnen, ermittelt, ob die geographische Lage der Adresse einen Aussage auf die Zahlungsfähigkeit der angefragten Person zulässt. So gibt es beispielsweise für Deutschland mittlerweile einen so genannten Schuldneratlas[43] in dem in die Deutschlandkarte eingezeichnet ist, in welchen Regionen die Verschuldung sehr hoch ist und in welchen niedriger.

Definition:

Jährliche Analyse zur Überschuldung von Privatpersonen in Deutschland

Die Analyse untersucht, wie sich die Personen mit Negativmerkmalen innerhalb Deutschlands kleinräumig verteilen und wird jährlich von Creditreform sowie unseren Tochterfirmen Boniversum und microm durchgeführt.

Mit Hilfe der Analyse können Schuldnerquoten (Personen mit Negativmerkmalen im Verhältnis zu allen Personen ab 18 Jahren) auf Basis von Bundesländern bis hin zu Kreisen und kreisfreien Städten dargestellt werden.

Die Negativmerkmale setzen sich aus den aktuell vorliegenden juristischen Negativmerkmalen (harte Negativmerkmale und Privatpersoneninsolvenz), den unstrittigen Inkassofällen der Organisation Creditreform gegenüber Privatpersonen und den negativen Zahlungserfahrungen der Boniversum Poolteilnehmer zusammen. Entwickelt wurde der Schuldneratlas von der Creditreform [44]Gruppe, einem Konkurrenzunternehmen zur SCHUFA. Dieser Schuldneratlas wird jedes Jahr aktualisiert und unter Umständen für die Bonitätsbeurteilung von Firmen und Personen herangezogen.

Es ist durchaus interessant, sich einmal mit dem Aufbau und der Struktur von diesem Schuldneratlas auseinander zu setzen. Er erläutert auf 64 Seiten nicht nur die Verteilung der Schuldner im Land sondern gibt auch wertvolle Hinweise zur Datenerhebung und eine Ausblick auf die zukünftige Entwicklung.

Der Schuldneratlas wird nicht nur zur Bonitätsprüfung herangezogen, sondern auch im Bereich der Werbung, weil er nicht nur eine Aussage über die Bonität sondern auch über die Kaufkraft in einer bestimmten Region zulässt.

---

[43]Den aktuellen Schuldneratlas für 2014 finden Sie hier: http://www.boniversum.de/fileadmin/media/document/SchuldnerAtlas/SchuldnerAtlas_2014.pdf

[44] www.creditreform.com

SCHULDNERQUOTE NACH LÄNDERN:. Wie Sie der Graphik entnehmen können, ist aktuell die Schuldnerquote in Bayern deutlich niedriger, als im Bundesdurchschnitt.

So ist es im Rahmen der Werbung hilfreich, Geomarketing Daten bei der Auswahl der Zielgruppen heranzuziehen, sofern die Zielgruppe exakt genug definiert ist.

Während Bremen und Berlin auf Grund Ihrer hohen Schuldnerquote z.B. für Inkassounternehmen interessant sind, weil es hier viel zu tun gibt, würde ein Unternehmen, das sehr exklusive Produkte und Dienstleistungen anbietet, sich tendenziell eher in Bayern ansiedeln, wo die Schuldnerquote niedriger ist und die Kaufkraft höher.

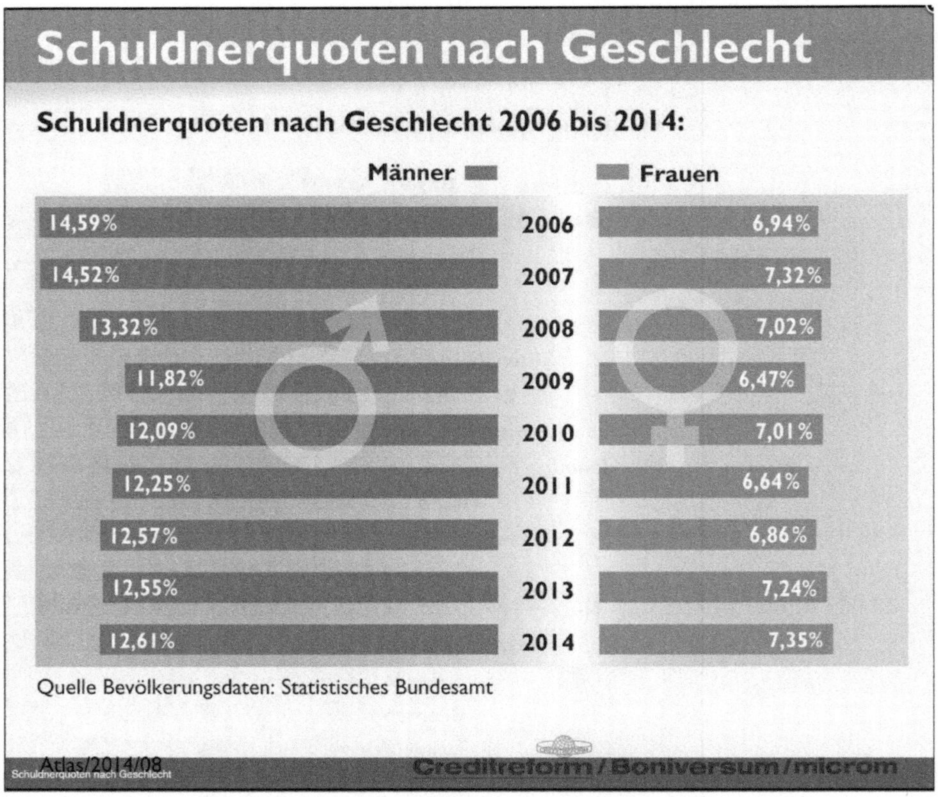

SCHULDNERQUOTE NACH GESCHLECHT: Die Schuldnerquote bei den Männern ist beinahe doppelt so hoch, wie bei den Frauen.

Dass die Schuldenquote der Frauen niedriger ist, als die der Männer, hat vielschichtige Gründe. Dabei spielt nicht nur die Tatsache eine Rolle, dass Frauen oft bodenständiger sind als Männer und sich tendenziell lieber einschränken, als auf Pump zu leben, sondern auch die Tatsache, dass anteilig weniger Frauen berufstätig sind, als Männer. Auch heute ist es noch eher die Regel, dass die Frau zuhause bleibt, um die Kinder groß zu ziehen, und der Mann arbeiten geht.

Ein weiterer Punkt ist der Tatsache geschuldet, dass Männer selbst in der heutigen Zeit noch immer besser bezahlt werden, als Frauen und deshalb oft in vergleichbaren Situationen die höheren Kredite bekommen.

Analog zum Schuldneratlas hat die SCHUFA mit Ihrem eigenen Datenbestand ähnliche Profile, die im so genannten Kreditkompass[45] nachzulesen sind, entwickelt. Allerdings ist der Ansatz hier ein wenig anders und die Kartendarstellung ist wesentlich weniger detailliert, als im Schuldneratlas.

[45] https://www.schufa-kredit-kompass.de/media/teamwebservices/downloads/SCHUFA_Kredit-Kompass-2014_ANSICHTS.PDF

© New Earth Publishing

Der Kreditkompass

Der Kreditkompass wird jährlich aktualisiert und von der SCHUFA veröffentlicht. Die jeweils aktuelle Fassung finden Sie im Internet zum Nachlesen.

Hier ein Auszug aus dem aktuellen Kreditkompass der SCHUFA aus 2015

Kreditverhalten der Deutschen weiter vorbildlich

SCHUFA Kredit-Kompass 2015 in Berlin vorgestellt // Schwerpunkt: Konsum- und Finanzverhalten in unterschiedlichen Lebensphasen // Rückzahlungsquote mit 97,5 Prozent konstant auf sehr hohem Niveau

Wiesbaden/Berlin, 25. Juni 2015 – Das Finanzverhalten der Deutschen bleibt weiterhin vorbildlich. Dies ist das Fazit des aktuellen SCHUFA Kredit-Kompass 2015, der heute auf einer Pressekonferenz in Berlin vorgestellt wurde.

„Der Anteil der reibungslos zurückbezahlten Kredite bleibt mit 97,5 Prozent auf erfreulich hohem Niveau. Mit 90,8 Prozent ist auch der Anteil der Verbraucher unverändert hoch geblieben, zu denen bei der SCHUFA ausschließlich positive Merkmale gespeichert sind. Während die Kreditaktivitäten in den verschiedenen Lebensphasen unterschiedlich sind, hat sich die durchschnittliche Höhe der 2014 neu aufgenommenen Kredite über alle Altersgruppen erhöht. Die Anzahl der neu aufgenommenen Kredite hat sich zum Vorjahr hingegen leicht verringert. Auch im derzeitigen Zinsumfeld ist das Kreditverhalten der deutschen Verbraucher weiter vorbildlich", resümiert Dr. Michael Freytag, Vorstandsvorsitzender der SCHUFA Holding AG.

Unterschiedliche Lebensphasen mit unterschiedlichen Herausforderungen

Der Schwerpunkt des diesjährigen SCHUFA Kredit-Kompass liegt auf dem Konsum- und Finanzverhalten in den unterschiedlichen Lebensphasen. Untersucht wurden hierbei die Gruppe der 18- bis 34-Jährigen, die 35- bis 59-Jährigen und die Generation 60+. Jede dieser drei Lebensphasen hat andere Schwerpunkte und damit auch Herausforderungen. Bei den Jungen stehen berufliche Orientierung und Familienplanung im Fokus; es werden erste Anschaffungen und Investitionen getätigt. Sie befinden sich in der Phase der Anschaffungen und des Ausbaus. Menschen ab 35 haben andere Bedürfnisse; größere Sachwerte werden angeschafft, oft werden neue Partnerschaften eingegangen. Dies ist die Phase der Umschichtung und Anpassung. Die Generation 60+ hat erwachsene Kinder und beendet das Berufsleben. In dieser Phase der Reduzierung und Verlagerung müssen oftmals auch finanzielle Dinge neu geregelt werden.

Kredite werden am häufigsten für die Finanzierung eines Autos genutzt

Eine Befragung der Gesellschaft für Konsumforschung (GfK) im Auftrag der SCHUFA kam zu dem Ergebnis, dass 46 Prozent der Befragten einen Kredit zur Anschaffung eines Autos nutzten; 25 Prozent finanzierten so den Kauf von technischen Geräten. 16 Prozent nahmen für den Kauf von Einrichtungsgegenständen einen Kredit auf. Haushaltsgeräte, Renovierungen und Urlaubsreisen werden von den Deutschen hingegen seltener über Kredite finanziert (jeweils 12 Prozent, 8 Prozent und 7 Prozent).

Niedrige Zinsen verleiten nicht zu unüberlegten Fremdfinanzierungen
Trotz der aktuell niedrigen Zinsen und der damit günstigen Kredite gibt die Mehrheit der Deutschen (60 Prozent) an, eine Anschaffung nicht über einen Kredit finanzieren zu wollen. „Die Deutschen sind hinsichtlich der Einstellung zu Krediten und Schulden auch im internationalen Vergleich noch immer konservativ und zurückhaltend", erklärt Karsten John, Head of Financial Services der GfK. Solide Finanzen sind den Deutschen nach wie vor wichtig. 83 Prozent der Befragten gaben an, dass die finanzielle Absicherung im Alter eines ihrer Lebensziele sei. Auch in ihren Wertvorstellungen zeigen sich die Deutschen über alle Altersgruppen hinweg sicherheitsbewusst: 68 Prozent der Befragten gaben an, dass für sie Sicherheit als gesellschaftlicher Wert an Bedeutung gewinnen wird.

Rückzahlungsquote mit 97,5 Prozent stabil auf sehr hohem Niveau
Durchschnittlich nahmen deutsche Verbraucher 2014 Kredite in Höhe von rund 8.700 Euro neu auf (2013: rund 7.900 Euro). Von allen neu aufgenommenen Ratenkrediten hatten 27,5 Prozent eine Höhe von bis zu 1.000 Euro, 41,3 Prozent entfielen auf Kredite zwischen 1.001 und 10.000 Euro, 31,2 Prozent lagen darüber. Während die Höhe der abgeschlossenen Kredite in allen Altersgruppen anstieg, war die Anzahl der 2014 neu abgeschlossenen Kreditverträge mit 7,4 Mio. (Vorjahr 7,7 Mio.) hingegen leicht rückläufig. Zum Ende des Jahres 2014 waren im SCHUFA-Datenbestand insgesamt 17,5 Mio. laufende Ratenkredite vermerkt (gegenüber 17,7 Mio. zum Jahresende 2013).

45- bis 54-Jährige zeigen die höchste Kreditaktivität
Erwartungsgemäß ist die Kreditaktivität junger Menschen gering, steigt mit zunehmendem Alter an und ist in den höheren Altersklassen wiederum rückläufig. Während nur 2,7 Prozent der 18- bis 19-Jährigen im SCHUFA-Datenbestand einen laufenden Kredit haben, sind es bei den 30- bis 34-Jährigen bereits 19,1 Prozent. Die höchsten Kreditaktivitäten weisen die 45- bis 54-Jährigen auf. Diese Altersgruppe hat nicht nur am häufigsten einen Kredit (22,1 Prozent), sondern auch mit durchschnittlich mehr als 11.000 Euro die höchsten Kreditverpflichtungen. In der Generation 60+ haben noch 10,3 Prozent der Verbraucher einen laufenden Kredit. Die Generation der 40- bis 59-Jährigen zeigt besondere Umsicht im Umgang mit Krediten: Sie nimmt überdurchschnittlich hohe Kreditsummen auf, aber auch die Rückzahlungsquote dieser Altersgruppe ist mit rund 98 Prozent überdurchschnittlich hoch.

Verbraucher vergleichen häufiger Kreditkonditionen
Insgesamt haben rund 16 Prozent aller im SCHUFA-Datenbestand erfassten Verbraucher einen Ratenkredit. Der Trend, vor der Entscheidung für einen Kredit mehrere Konditionen einzuholen, setzte sich auch 2014 fort. Gegenüber dem Vorjahr stieg die Anzahl der bei der SCHUFA verzeichneten Anfragen nach Kreditkonditionen bei Banken um rund 7 Prozent (2014: 16,5 Mio. Anfragen gegenüber 15,4 Mio. Anfragen im Vorjahr). Dieser Trend zieht sich durch alle Altersgruppen, lediglich die Gruppe der über 74-Jährigen wies 2014 eine stagnierende Anzahl von Konditionenanfrage auf.

Der jährlich erscheinende SCHUFA Kredit-Kompass basiert auf Analysen von SCHUFA-Daten sowie auf einer Umfrage der GfK. Den aktuellen Kredit-Kompass sowie ein Archiv der vergangenen Ausgaben finden Sie im Internet unter www.schufa-kredit-kompass.de.

Kontakt zur Pressestelle:
SCHUFA Holding AG
Media Relations & Kommunikation
Ingo A. Koch (Ltg.)
Kormoranweg 5
65201 Wiesbaden
Tel.: +49 611 - 92 78-888
Fax: +49 611 - 92 78-887
E-Mail: presse@schufa.de

Verbraucherservice:
SCHUFA Holding AG
Privatkunden Servicecenter
Postfach 103441
50474 Köln
Tel.: +49 611 - 92 78-0
Fax: +49 1805 - 9199-0

© New Earth Publishing

Kapitel

6

SCHUFA Produkte für Banken und Geschäftskunden

In diesem Kapitel lernen Sie einige Produkte kennen, die die SCHUFA für Banken anbietet.

Generell gibt es eine Reihe von Produkten, die die SCHUFA einer Bank oder einem Geschäftspartner anbietet. Einige davon sind ausschließlich den Banken vorbehalten, andere wiederum sind auch für andere Zielgruppen nutzbar. Der Hintergrund ist: Die SCHUFA Holding AG befindet sich im Besitz der Volks- und Raiffeisenbanken. Das erklärt zum Einen, dass sich Vorstand und Aufsichtsrat vornehmlich aus Bankmanagern oder dem Bankensektor nahe stehenden rekrutiert, zum Anderen, dass bei der Entwicklung neuer Produkte und Dienstleistungen die Wünsche und Bedürfnisse der Banken klar im Vordergrund stehen.

Wichtig

Dabei möchte ich vorweg schieben, dass die SCHUFA in der Regel nur Auskunft über Privatpersonen erteilt, sofern ein „berechtigtes Interesse" nachgewiesen wird.

Adresse und Bonität

Die Anschrift einer Person spielt für die Bewertung eine zentrale Rolle. Im Bankenbereich bietet die SCHUFA im Bereich Adresse unterschiedliche Leistungen an. Das fängt an bei der ganz normalen Anschriftenermittlung im Bedarfsfall und geht bis hin zur Präventivermittlung, z.B. vor dem Versand von wichtigen Anschreiben oder neuen EC- oder Kreditkarten.

Durch den zunehmenden Konzentrationsprozess im Bankenbereich arbeiten immer mehr Banken im Bereich der Datenverarbeitung und Informationsbeschaffung mit großen Rechenzentren zusammen. Da gibt es im Bereich der Sparkassen die Finanzinformatik (FI)[46], die für Ihre Mitglieder aus dem Sparkassenbereich auch immer umfangreichere Dienstleistungen aus dem Bereich der Anschriftenermittlung und Prüfung übernimmt.

---

[46] Die „ FinanzIT" (Hannover) und die „Sparkassen Informatik" (Frankfurt) fusionierten rückwirkend zum 1. Januar 2008 zur „ Finanz Informatik" mit Sitz in Frankfurt am Main. Das neue Unternehmen wurde damit zum gemeinsamen IT-Dienstleister für alle deutschen Sparkassen sowie weitere Unternehmen der Sparkassen-Finanzgruppe und der Finanzdienstleistungsbranche. (Quelle: www.f-i.de).

Durch die Kooperation mit der FI und anderen Finanzdienstleistern ist die SCHUFA hier zum Teil sehr tief in die internen Prozesse der Datenverarbeitung eingebunden. Dadurch werden in vielen Bereichen die Adress- und Bonitätsdaten nahezu vollautomatisch mit der SCHUFA abgeglichen.

Aber auch andere große Informationsbeschaffer, wie Bürgel, Kreditreform oder Infoscore sind hier bei der Informationsbeschaffung beteiligt.

Wesentlich enger sind die Verflechtungen bei der Raiffeisen- und Volksbankengruppe, wo sich die Datenverarbeitung immer mehr auf Rechenzentren, wie die Fiduzia[47] und die GAD[48] konzentrieren.

Die Fiduzia bietet aktuell mit Ihren Partnern das Programm agree für den gesamten vertriebsorientierten internen Arbeitsablauf an. In der folgenden Übersicht finden Sie einen vereinfachten Überblick über die Entwicklung der EDV im Bereich der Volks- und Raiffeisenbanken:

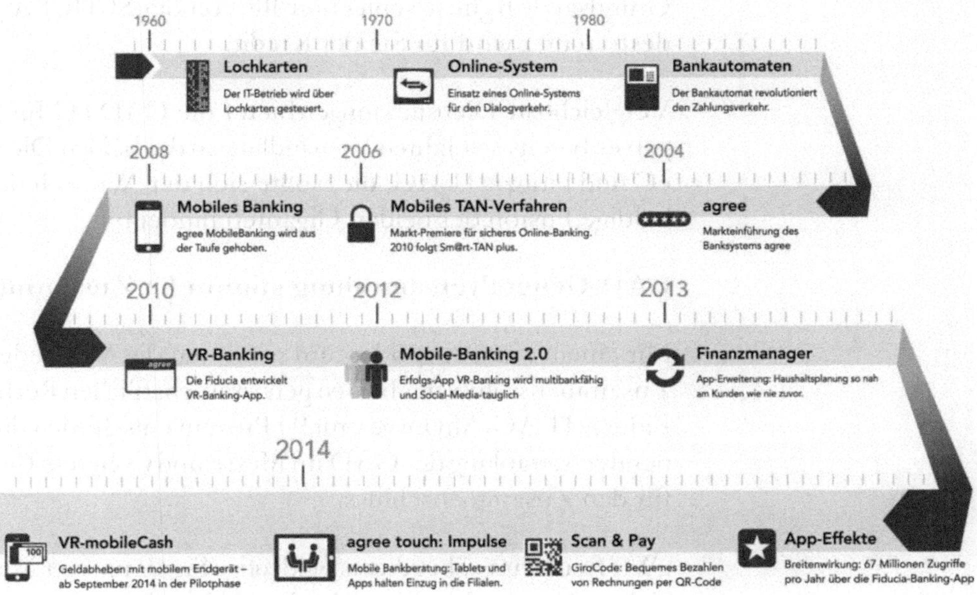

BANKSYSTEM AGREE:. Infografik von der Seite www.fiduzia.de

Tief integriert in dieses Banksystem ist es für die Banken möglich, sehr weitgehend automatisiert auf Adress- und Bonitätsdaten[49] der SCHUFA zuzugreifen. Durch diese Systemintegration in agree kann jede teilnehmende Bank für sich einen individuellen Arbeitsablauf (Workflow) definieren, indem zusätzliche Informationen, wie z.B. Bonitätsdaten halb- oder vollautomatisch in den Entscheidungsprozess eingebunden werden.

---

[47] Fiducia IT AG, Karlsruhe, Nähere Informationen unter www.fiduzia.de

[48] GAD eG, Münster, www.gad.de

[49] Die Fiduzia IT AG bietet neben Daten der Schufa auch Daten anderer großer Informationsanbieter an, wie z.B. die Umzugsdatenbank der Deutschen Post.

Für den Bereich Adresse kann die teilnehmende Bank mit dem Rechenzentrum vereinbaren, dass z.B. täglich die Adressdaten der Bank auf Richtigkeit geprüft werden. Dabei erfolgt ein automatischer Abgleich der von der Bank ins Rechenzentrum gemeldeten Anschrift mit einem entsprechenden Referenzdatenbestand z.B. der SCHUFA. Dabei handelt es sich um einen rein Treffer bezogenen Dienst, d.h. Kosten entstehen für die Bank nur, wenn eine neue Anschrift zurückgemeldet wird.

Praktisches Beispiel für die Bonitätsprüfung: Sie beantragen Ihrer Volks- und Raiffeisenbank vor Ort einen Kredit. Dann wird mit der Erfassung der Kreditdaten im Banksystem im Hintergrund oft automatisch eine Bonitätsanfrage an die SCHUFA weitergeleitet, die in aller Regel sofort, d.h. innerhalb weniger Sekunden, beantwortet wird. Bis zu einem bestimmten Scorewert, der zurückgemeldet wird, erfolgt automatisch eine Genehmigung. Ab einem gewissen, niedrigeren Scorewert erfolgt automatisch eine Ablehnung. Im Bereich zwischen diesen beiden Werten liegt es im Entscheidungsspielraum der Bank, ob ein Kredit genehmigt wird, oder nicht. In der Regel wird die Bank zunächst versuchen, zusätzliche Sicherheiten für den Kredit zu bekommen, wie z.B. eine Grundschuld[50] oder eine Bürgschaft[51].

Grundsätzlich gilt: je schlechter Ihr von der SCHUFA gemeldeter Scorewert ist, desto teurer wird für Sie der Kredit.

Vergleichbare Dienstleistungen bietet die GAD eG für Ihre Mitglieder an. Dabei gab es bereits seit Jahren Verhandlungen der beiden Dienstleistungsanbieter GAG eG und Fiduzia IT AG, die, sollte sich der Wunsch der GAD erfüllen, auf eine baldige Fusion der beiden Giganten hindeuten.

GAD-Generalversammlung stimmt für Zusammenschluss

Mit einem eindeutigen Votum stimmten die Mitglieder der GAD heute für den Zusammenschluss der beiden genossenschaftlichen Rechenzentralen GAD eG und Fiducia IT AG. Mit insgesamt 94 Prozent entschieden die Eigentümer auf der Generalversammlung der GAD im Messe und Congress Centrum Halle Münsterland für den Zusammenschluss.

„Wir freuen uns über dieses eindeutige Signal unserer Mitglieder“, so Claus-Dieter Toben, Vorstandsvorsitzender der GAD. „Es zeigt uns, dass unser Gesamtkonzept für den Zusammenschluss überzeugt und unsere Mitglieder uns vertrauen.“

Ob die beiden Rechenzentralen zum 1. Januar 2015 zu einem Unternehmen verschmelzen, steht aber erst nach dem 4. Dezember 2014 fest. Dann geben die Eigentümer der Fiducia IT AG im Rahmen der Hauptversammlung der Fiducia ihr Vo-

---

[50] Die Grundschuld ist nach deutschem Sachenrecht das dingliche Recht, aus einem Grundstück oder einem grundstücksgleichen Recht (beispielsweise einem Wohnungseigentum oder einem Erbbaurecht) die Zahlung eines bestimmten Geldbetrages zu fordern. Die Grundschuld wird regelmäßig als Kreditsicherheit verwendet. (Quelle: www.wikipedia.de)

[51] Die Bürgschaft ist ein einseitig verpflichtender Vertrag, durch den sich der Bürge gegenüber dem Gläubiger eines Dritten (des so genannten Hauptschuldners) verpflichtet, für die Erfüllung der Verbindlichkeiten des Dritten einzustehen. Der Gläubiger will sich durch die Bürgschaft für den Fall einer Zahlungsunfähigkeit seines Schuldners absichern. Meistens handelt es sich bei dem Dritten um einen Kreditnehmer und bei dem Gläubiger um ein Kreditinstitut, welches das Darlehen gewährt. Die zivilrechtlichen Regelungen über die Bürgschaft sind in Deutschland in den §§ 765 ff. des Bürgerlichen Gesetzbuches (BGB) enthalten. (Quelle: www.wikipedia.de)

© New Earth Publishing

tum ab. Über das endgültige Ergebnis informieren Fiducia und GAD nach Ablauf der Hauptversammlung. (Quelle: www.gad.de)

Während der Erstellung dieses Buchs wurde die Fusion zum 01.01.2015 beschlossen[52].

Damit startet jetzt die operative Zusammenlegung der beiden Unternehmen, verbunden mit einer entsprechenden Umstrukturierung. Das bietet für die SCHUFA einen guten Ansatz, sich noch tiefer in das System der Volks- und Raiffeisenbanken zu integrieren.

Diese Fusion der beiden großen Rechenzentren hat natürlich Auswirkungen auf die IT-Struktur im Bereich der Volks- und Raiffeisenbanken. Durch den mit der Fusion erreichten, gesteigerten Marktanteil ist das neue, gemeinschaftliche Rechenzentrum nach Umsetzung der technischen Fusion in der Lage, noch leistungsfähigere Produkte zu günstigeren Konditionen anzubieten.

In der Folge werden zunehmend auch größere Volks- und Raiffeisenbanken Ihre im Verhältnis sehr teure IT-Struktur zugunsten einer Kooperation mit dem Rechenzentrum herunterfahren. Dadurch wird der Einfluss der SCHUFA in diesem Bereich weiter zunehmen.

Neben einem Webinterface bietet die SCHUFA ihren Firmenkunden eine Reihe von Schnittstellen an, über die Zugriffe und Abfragen auf Daten der SCHUFA sehr einfach und effizient in bestehende Geschäftsprozesse eingebunden werden können.

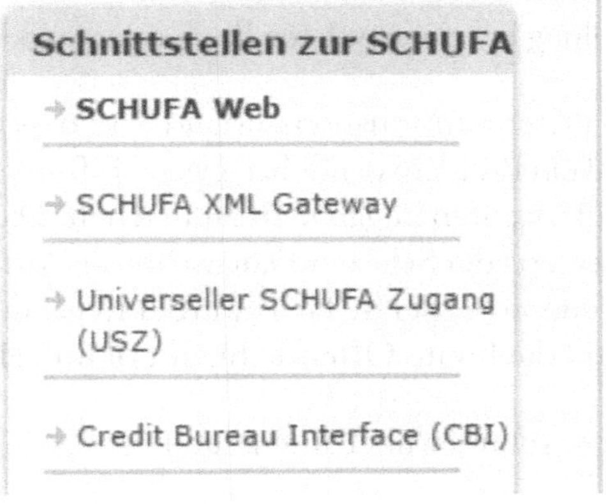

SCHNITTSTELLEN ZU SCHUFA:. Details zu den Schnittstellen finden Sie auf der Internetseite der SCHUFA.

[52] Karlsruhe/Münster, 4. Dezember 2014 – Die beiden genossenschaftlichen Rechenzentralen Fiducia IT AG (Karlsruhe) und GAD eG (Münster) bündeln mit Wirkung zum 1. Januar 2015 ihre Kräfte zur „Fiducia & GAD IT AG" mit Sitz in Frankfurt am Main. Dies haben die Eigentümer beider Häuser in ihren jüngsten außerordentlichen Sitzungen am Mittwoch, 26. November, in Münster und am heutigen Donnerstag, 4. Dezember, in Karlsruhe beschlossen. Damit entsteht einer der bundesweit größten Dienstleister für Informationstechnologie mit etwa 5.500 Beschäftigten und einem kumulierten Jahresumsatz im Konzern von rund 1,2 Milliarden Euro. Zu den Hauptkunden des Unternehmens mit Verwaltungssitz in Karlsruhe und Münster zählen fortan alle 1.100 deutschen Volksbanken und Raiffeisenbanken.

© New Earth Publishing

Als Firmenkunde können Sie jederzeit weitere Details zu den direkten Anbindungsmöglichkeiten direkt bei der SCHUFA anfragen.

Fraud Prevention

Das Thema Fraud Prevention[53] ist für die SCHUFA ein sehr neues Geschäftsfeld. Die Kernproblematik dabei ist, dass generell erst einmal die Unschuldsvermutung gilt. Das Thema Fraud Prevention kann aber nur effektive Ergebnisse bringen, wenn bereits im Vorfeld des eigentlichen Betrugs, d.h. bereits beim Vorhandensein eines so genannten Anfangsverdachts, Informationen zwischen Kunde, SCHUFA und der Polizei ausgetauscht werden.

Im Rahmen von Fraud Prevention werden Lösungen entwickelt, die bestehenden sowie drohenden Risiken von Betrug, Unterschlagung sowie Vermögensverlusten vorbeugen sollen.

Aus diesem Grund wurden bereits Arbeitsgruppen eingerichtet, die in sehr enger Zusammenarbeit mit beteiligten Banken und Versicherungen, der Polizei und Interpool einen so genannten Fraud Pool aufbauen, in den Personen und Firmen gemeldet werden, bei denen ein Anfangsverdacht besteht, dass ein Betrug in Vorbereitung ist. Hinweise darauf können beispielsweise gefälschte Ausweisdokumente oder gefälschte Fahrzeugpapiere sein.

Für die Teilnahme an dem Fraud Prevention Programm der SCHUFA verpflichten sich die Kunden Ihrerseits, eigene Verdachtsfälle zu melden, um ein möglichst große und aktuelle Datenbasis zu schaffen. Auf diese Weise profitieren alle Mitglieder, denn so ist es möglich, sehr schnell auf einen Betrugsfall zu reagieren und zumindest eine Wiederholung bei einer anderen Bank oder Versicherung zu verhindern.

Das schwierige bei diesem Informationsaustausch ist, dass im Grunde jedes Unternehmen erst einmal ein Problem damit hat, eigene Informationen und Erkenntnisse unmittelbaren Konkurrenten zugänglich zu machen. Dazu kommen eine ganze Reihe von Bedenken von der Seite der Datenschützer. Aus diesem Grund wird das Thema Fraud Prevention bei der SCHUFA in der Regel nur im Kreise Ihrer Kunden besprochen und die breite Öffentlichkeit erfährt sehr wenig darüber.

Die SCHUFA selbst schreibt über Ihre neue Lösung:

„Alle Merkmale, die im Zusammenhang mit Betrugshinweisen gespeichert werden, sind datenschutzrelevante Informationen und unterliegen u.a. dem BDSG. Um rechtliche Probleme zu vermeiden, ist es daher wichtig, sich umfassend davon zu überzeugen, dass die gewählte Lösung auch im Hinblick auf den Datenschutz rechtskonform ist.

[53] Unter Fraud Prevention and Detection wird die Vorbeugung und Entdeckung sowie adäquate Reaktion auf dolose Handlungen (Betrug, Unterschlagung, durch Handlungen der Mitarbeiter bedingte Vermögensverluste) (engl. fraud) in Unternehmen verstanden. (Quelle: www.wikipedia.de)

Der SCHUFA-FraudPool wurde mit der zuständigen Datenaufsichtsbehörde abgestimmt. Er entspricht den Anforderungen an den Datenschutz und auch den Prüfungsvorgaben des Kreditwesengesetzes und des Bankgeheimnisses.

Damit bietet Ihnen der SCHUFA-FraudPool eine wirkungsvolle und rechtskonforme Lösung zur Betrugsprävention."

Zu finden unter: www.SCHUFA4b.de

SCHUFA FÜR FIRMENKUNDEN:. Hier finden Sie weitere Informationen zum Thema Fraud Prevention inkl. entsprechender Anwendungsbeispiele.

Monitoring

Unter Monitoring versteht man die regelmäßige Beobachtung/Überwachung einer Person, Firma oder eines Zustands, mit der Möglichkeit, regelnd einzugreifen, sobald gewisse festgelegte Werte überschritten werden.

Die SCHUFA bietet verschiedene Arten von Monitoring an:

Da gibt es zunächst die Möglichkeit, die Bonität eines Kunden zu überwachen. Dabei wird zunächst zum Zeitpunkt der Bonitätsanfrage der aktuelle Scorewert übermittelt und im Anschluss werden für die kommenden 12 Monate sämtliche Änderungen dieser Bewertung automatisch gemeldet. Durch die zunehmende Automatisierung der internen Prozesse in den Banken und bei anderen Unternehmen kann es so passieren, dass auf Grund einer Änderung des Scorewertes automatisch ein Darlehen gekündigt oder eine Kreditkarte gesperrt wird.

Da so ein Entscheidungsprozess auch auf Grund einer Fehlinformation oder eines Identitätsdiebstahls[54] ausgelöst werden kann, ist es insbesondere bei Fernreisen rat-

[54] Als Identitätsdiebstahl (auch Identitätsbetrug, Identitätsmissbrauch. Identitätsmissbrauch; engl. identity theft) wird die missbräuchliche Nutzung personenbezogener Daten (der Identität) einer natürlichen Person durch Dritte bezeichnet.Die Bezeichnung als „Identitätsdiebstahl" ist zwar sehr häufig, trifft aber die Sachlage nicht so gut wie „Identitätsmissbrauch", weil bei einem typischen Diebstahl dem Berechtigten etwas weggenommen wird, so dass er es anschließend selbst nicht mehr hat. Beim

© New Earth Publishing

sam, einen gewissen Bestand an Bargeld oder Reiseschecks mit zu führen, um im Falle eine Kreditkartensperrung nicht irgendwo im Ausland zu stranden[55].

Im schlimmsten Fall besteht die Möglichkeit, beim zuständigen Konsulat vor Ort ein kurzfristiges Darlehen für die Rückreise aufzunehmen und dann zuhause die Situation zu klären.

Eine neue Form des Monitoring, das die SCHUFA den Banken anbietet, besteht darin, dass die SCHUFA auf zusätzliche Informationen der Banken zugreift und dann z.B. für die jeweilige Bank die Arbeitgeber der Bankkunden überwacht.

Machen wir ein konkretes Beispiel aus der Vergangenheit: Sie arbeiten bei der Firma Schlecker und haben bei Ihrer Hausbank ein Kredit aufgenommen, um sich ein neues Auto zu kaufen. Ihre einzige Sicherheit, neben dem KFZ-Brief, ist Ihr Gehalt. Ihre Bank hat bei der SCHUFA die Überwachung (das Monitoring) Ihres Arbeitgebers, der Firma Schlecker, beauftragt. Durch die wirtschaftliche Veränderung der Verhältnisse bei der Firma Schlecker sinkt nun automatisch Ihre Bonität bei Ihrer Bank. Das bedeutet für Sie im schlimmsten Fall, dass Ihre Bank den Kredit für das Fahrzeug kündigt und/oder Ihren Dispositionskredit kürzt.

Da die SCHUFA in aller Regel vor der breiten Öffentlichkeit über die Schieflage einzelner Unternehmen informiert ist, kann das für Sie zu einem Problem werden, lange, bevor Sie selbst über die Probleme Ihres Arbeitgebers informiert sind.

So kommt es durch die Einbeziehung von beim Kunden gespeicherten Daten immer häufiger vor, dass die SCHUFA in die Erstellung von individuellen Scorewerten[56] Daten und Informationen einbezieht, die Sie in Ihrer eigenen Datenbank laut Ihren eigenen Angaben gar nicht speichert.

Grundsätzlich gilt beim Monitoring: die vereinbarten Eckdaten werden laufend überwacht und jegliche Abweichung wird im vereinbarten Informationszyklus automatisch mitgeteilt. Dabei gilt: je kürzer das Meldeintervall, desto höher die Kosten. Aus diesem Grund wird in der Regel nur in sehr wichtigen Fällen ein so genanntes Echt-Zeit-Monitoring vereinbart, bei dem Abweichungen auf Grund neuer Informationen unmittelbar an den Auftraggeber weitergemeldet werden.

Identitätsdiebstahl kann der Berechtigte seine Identität aber weiter verwenden. (Quelle: www.wikipedia.de)

[55] Sollten Sie doch einmal im Ausland in finanzielle Schwierigkeiten kommen, wenden Sie sich im Zweifel an die deutsche Botschaft. Dort wird man Ihnen zumindest für die Heimreise nach Deutschland behilflich sein.

[56] Dabei handelt es sich um Scorewerte, die die SCHUFA speziell für Ihre Kunden z.B. aus dem Bereich der Banken und Versicherungen auf deren Wunsch hin erstellt. Für diese individuellen Scorewerte können neben den von der SCHUFA selbst gespeicherten Werten zu einer Person oder Firma auch direkt beim Kunden, also bei der Bank oder Versicherung gespeicherte Daten herangezogen werden.

Sterbedaten

Für die Auskunft über ein Sterbedatum wird in Deutschland häufig die Sterbedatenbank der Bestatter herangezogen. Nachteil hier ist die Tatsache, dass in dieser Datenbank zwar das Sterbedatum eingetragen ist, nicht aber das Geburtsdatum. So kann es zu Fehlern bei der Beauskunftung kommen, weil bei Namensgleichheit (was vor allem in Familien bei Mutter und Tochter oder Vater und Sohn gar nicht so selten vorkommt) eine eindeutige Identifikation ohne das Geburtsdatum oft nicht möglich ist.

Die SCHUFA verfügt mittlerweile über ihre eigene Sterbedatenbank. Sie bekommt hier in erster Linie Rückmeldungen von Banken und Versicherungen, die auf Grund der Vertragsgestaltung mit der SCHUFA verpflichtet sind, diese Daten für Ihre Kunden zu melden. Da die überwiegende Mehrheit der Menschen in der Regel über wenigstens eine Bankverbindung und/ oder eine Versicherung verfügt, ist hier eine recht gute Abdeckung vorhanden.

Sterbedaten sind vor allem für Banken interessant, weil diese dann auf Grund der Informationen Konten und Kreditkarten sperren und so Missbrauch von nicht Berechtigten vermeiden können.

Ähnlich, wie bei anderen Anbietern üblich, bietet die SCHUFA Ihren Kunden eine Fülle von Datenbanken und Produkten an. So ist jeder Kunde in der Lage, aus diesen Angeboten das für seine Bedürfnisse optimale Portfolio zusammenzustellen.

Zusätzlich steht es der SCHUFA natürlich frei, ebenfalls aus fremden Datenbanken Informationen zu beziehen. Leider liegen mir dazu aktuell keine zuverlässigen Informationen vor, ob und wenn ja, aus welchen Datenbanken die SCHUFA Informationen „zukauft".

Die Auslandsauskunft

Durch die zunehmende Internationalisierung sieht sich auch die SCHUFA veranlasst, zunehmend Kontakte ins Ausland zu knüpfen und Ihr Angebot im Bereich der Auslandsauskünfte zu erweitern. Dabei stehen die Geschäftskunden klar im Vordergrund.

In Österreich arbeitet die SCHUFA bereits seit Jahren sehr erfolgreich mit dem der Firma KSV 1870 Information GmbH[57] zusammen. Der KSV ist ähnlich strukturiert, wie die SCHUFA und bietet ebenfalls die Möglichkeit für Privatpersonen, einmal pro Jahr eine kostenlose Selbstauskunft[58] einzuholen.

In der Schweiz gibt es die Zentralstelle für Kreditinformationen (ZEK)[59]. Im Unterschied zur SCHUFA und zur KSV handelt es sich dabei um einen gemeinnützigen Verein ohne Gewinnerzielungsabsicht. Auch hier gibt es eine strategische Zusammenarbeit.

---

[57] www.ksv.at

[58] https://www.ksv.at/selbstauskunft-dsg2000

[59] www.zek.ch

Dass neben Deutschland vor allem Österreich und die Schweiz im Bereich der Kreditauskunft sehr ähnlich organisiert sind, liegt unter anderem an den ähnlichen Meldegesetzen. Während diese 3 Länder über ein zentral vernetztes Meldewesen verfügen, erfolgt die Meldung des Wohnsitzes im restlichen Europa in oft regional bei der zuständigen Polizeibehörde oder es besteht überhaupt keine Meldepflicht, wie in Großbritannien.

Darüber hinaus bietet die SCHUFA aktuell Auslandsauskünfte für folgende Länder, so genannte Partnerländer, an[60]:

- Belgien
- Griechenland
- Irland
- Italien
- Litauen
- Niederlanden
- Österreich
- Polen
- Schweden
- Schweiz
- Slowenien
- Spanien

Fragen zur Vertiefung

☺ **Testen Sie Ihr Wissen**

1) Was versteht man unter Monitoring?
2) Warum ist das Thema Fraud-Prevention in der Praxis so umstritten?
3) Welche Voraussetzungen müssen für eine Bonitätsprüfung einer Privatperson gegeben sein?
4) Welche Vorteile ergeben sich aus der Möglichkeit der automatischen Prozessintegration von SCHUFA Daten für Firmenkunden?
5) Welche Risiken entstehen für den Normalbürger in Verbindung mit einer vollständigen Prozessautomatisierung?
6) Wie heißt das österreichische Gegenstück zur SCHUFA?
7) Mit welchem Partner arbeitet die SCHUFA in der Schweiz zusammen?

[60] https://www.schufa.de/de/unternehmenskunden/leistungen/bonitaet/schufa-auslandsauskunft/

Kapitel

7

System- und Entwicklungspartner der SCHUFA

Mit Hilfe von System- und Entwicklungspartnern erweitert die SCHUFA Ihr Geschäft und Ihren Einfluss.

Neben dem Direktgeschäft mit Businesspartner und Privatpersonen arbeitet die SCHUFA auch mit einigen System- und Entwicklungspartnern zusammen. Diese Partner bringen nicht nur neue Kunden, sondern unterstützen die SCHUFA auch bei bestehenden Kunden bei der Integration in deren EDV-Systeme und Arbeitsabläufe.

Für die Partner bietet die Zusammenarbeit mit der SCHUFA eine Erweiterung der eigenen Angebotspalette und Sie profitieren vom guten Image der SCHUFA bei Geschäftskunden und von den guten Kontakten der SCHUFA.

Für die SCHUFA bietet diese Kooperation auf der anderen Seite neben einem Zuwachs im Neukundengeschäft eine Erweiterung des Knowhows und eine Erweiterung des eigenen Angebots, weil die SCHUFA selbst durch diese Partnerschaften in die Lage versetzt wird, Projekte umzusetzen, für die spezielles Knowhow und zusätzliche Kapazitäten in der Entwicklung erforderlich sind. Dazu kommt, dass die SCHUFA im Laufe der Jahre immer größer und damit in einigen Bereichen auch schwerfälliger geworden ist. Durch die Kooperation mit kleineren, agilen und flexiblen Unternehmen kann die SCHUFA selbst Punkten, indem Sie in Bereichen, die zeitkritisch sind, mit Partnern zusammenarbeitet, die sich gerade auf diese zeitkritischen Prozesse fokussiert haben und z.B. eine Anschrift schneller und mit einer höheren Trefferquote ermitteln können, als die SCHUFA selbst.

Ich habe einmal 2 SCHUFA Partner herausgegriffen, wie Sie unterschiedlicher nicht sein können, um an Hand dieser beiden Portraits einen Einblick in die Vielfältigkeit der Zusammenarbeit und Marktentwicklung zu geben. Das ist auf der einen Seite die Firma Das Datenhaus GmbH mit Sitz in Karlsfeld und auf der anderen Seite die arxes-tolina GmbH mit Sitz in Berlin.

Im Gegensatz zur SCHUFA AG selbst, liefern die beiden SCHUFA Partner nur Informationen an Geschäftskunden.

Das Datenhaus GmbH

Die Firma Das Datenhaus GmbH mit Herrn Ernst als Geschäftsführer, bietet Lösungen im Bereich der Anschriftenermittlung und Bonitätsprüfung für Inkassounternehmen, Banken und Versicherungen. Der ursprüngliche Fokus und die ursprüngliche Stärke lag hier im Bereich der Adressermittlungen in Deutschland, Österreich und der Schweiz.

Die Firma Das Datenhaus GmbH versteht sich als reiner Dienstleister, d.h. es wird im Auftrag des Kunden recherchiert, aber es werden selbst keine eigenen Datenbanken aufgebaut. Neben dem eigentlichen Kerngeschäft von Anschriftenermittlungen und Bonitätsprüfungen erweitert die Firma aktuell Ihr Angebot mit Hilfe von strategischen Partnerschaften um weitere Dienstleistungen in diesem Markt.

Bedingt durch die Gesellschafterstruktur und die Tatsache, dass Herr Ernst bei Gründung der Firma für ein Inkassounternehmen gearbeitet hat, liegt auch heute noch ein Großteil des Geschäfts in diesem Bereich. Durch die strategische Zusammenarbeit mit der SCHUFA hat man sich hier einen starken Partner im Bereich der Banken gesucht und gemeinsam mit diesem vor allem bei den Volks- und Raiffeisenbanken zahlreiche Kunden aufgebaut.

Aus Sicht der Kunden liegt die größte Stärke der Das Datenhaus GmbH auch heute noch im Bereich der Anschriftenermittlung, wo selbst die SCHUFA zugibt, dass die Geschwindigkeit und die Höhe der Trefferquote über den Ergebnissen liegt, die die SCHUFA selbst erreicht. Dazu kommt, dass Das Datenhaus durch direkte Kontakte nach Österreich und in die Schweiz auch hier sehr stark ist und hervorragende Ergebnisse erzielt.

Die Kooperation mit der SCHUFA stärkt Das Datenhaus vor allem bei den Banken. Durch die Möglichkeit der Teilnahme an Veranstaltungen, die die SCHUFA regelmäßig für die Banken anbietet, ist hier ein guter Aufbau von Kontakten möglich.

Die SCHUFA andererseits profitiert von der Vertriebsstärke der Firma Das Datenhaus, die phasenweise selbst im Bankenbereich deutlich mehr Neukunden generiert, als die SCHUFA selbst.

Aktuell arbeitet die Firma Das Datenhaus an neuen Strategien und Konzepten und versucht durch Kooperationen, z.B. mit der DSGF[61], im Bereich der Sparkassen besser Fuß zu fassen und Lösungen für größere Projekte mit einer deutlich weiter gehenden Integration anzubieten.

Durch die starke Fusionswelle im Bankenbereich und die immer weiter fortschreitende Automatisierung in diesem Bereich ändern sich hier die Anforderungen an einen Dienstleister immer stärker in Richtung Lösungsanbieter mit vollständiger Integration. Heute ist es längst nicht mehr damit getan, eine Anschrift zu ermitteln und diese in einem Onlineportal zur Verfügung zu stellen. Heute erwarten die

61 DSGF – Deutsche Servicegesellschaft für Finanzdienstleister mbH

Kunden, dass die Integration so weit geht, dass der Anstoß zur Ermittlung einer Anschrift am Besten direkt automatisch in der eigenen Software ausgelöst wird und die neu ermittelte Anschrift im Idealfall auch gleich direkt in die eigenen Programm ein gepflegt wird, ohne dass hier noch ein manueller Eingriff erforderlich ist.

Auf Grund der vor allem im Bankenbereich extrem hohen Anforderungen an den Datenschutz und die immer komplexer werdenden, automatisierten Arbeitsabläufe innerhalb der Banken kann Das Datenhaus in diesem Bereich nur noch durch strategische Partnerschaften mithalten.

Man kommt an die Banken nur noch ran, wenn man die Möglichkeit hat, über die Rechenzentren der Banken die gewünschten Informationen direkt in die Systeme der Banken ein zu pflegen. Da diese Rechenzentren bei der Wahl Ihrer Kooperationen sehr restriktiv vorgehen, bleibt dem Datenhaus nur die Möglichkeit einer strategischen Zusammenarbeit mit einem Partner, der hier bereits etabliert ist. Im Bereich der Sparkassen ist das die DSGF, ein Unternehmen der Sparkassen Finanzgruppe, also, um im Sprachgebrauch der Sparkasse zu bleiben, ein „rotes Unternehmen".

Für den Bereich der Volks- und Raiffeisenbanken ist die Wahl dafür auf voba solutions GmbH gefallen, die analog als Schlüssel für den zukünftigen Zugang zu den Rechenzentren der Volks- und Raiffeisenbanken dient.

Hintergrund für die große Bedeutung der Anschriftenermittlung für die Banken ist nicht zuletzt die Tatsache, dass Banken gesetzlich dazu verpflichtet sind, die Anschriften Ihrer Kunden zu ermitteln.

Stark vereinfacht sieht der Ablauf einer Informationsbeschaffung aus Sicht einer Bank z.B. so aus:

1) Eine Saldenmitteilung konnte nicht zugestellt werden und kommt zurück mit dem Vermerk: Empfänger ist nicht zu ermitteln.

2) Zunächst wird in der Bank intern nachgefragt, z.B: beim zuständigen Berater oder in verbundenen Unternehmen, wie der Bausparkasse. Ist diese Nachfrage erfolglos, wird eine externe Anschriftenermittlung angestoßen.

3) Der externe Dienstleister, z.B: Das Datenhaus, erhält den Auftrag, eine neue Anschrift zu ermitteln. Dieser arbeitet jetzt die Anfrage ab, indem er die Ihm zur Verfügung stehenden Datenbanken und Informationsquellen nutzt. Dabei wird die Anfrage systematisch durch die einzelnen Datenbanken[62] gejagt, bis ein Ergebnis vorliegt. Dabei muss der Dienstleister immer eine Gratwanderung einhalten, zwischen Kosten und Geschwindigkeit, d.h. er wird, sofern es die Zeit erlaubt, zunächst Treffer bezogen in den Datenbanken suchen, die die geringsten Kosten verursachen.

[62] Bei der Firma Das Datenhaus sind Datenbanken der SCHUFA ein Teil der Recherchemöglichkeiten, die allerdings zusätzlichen Restriktionen unterliegen, d.h. es dürfen hier nur Anfragen von Kunden recherchiert werden, die auch SCHUFA Partner sind, d.h. für die die SCHUFA dem Datenhaus eine entsprechende Freigabe erteilt hat.

© New Earth Publishing

4) Die neu ermittelte Anschrift wird elektronisch an die anfragende Bank zurückgemeldet und im Idealfall (in Abhängigkeit der Zuverlässigkeit der Quelle) vollautomatisch in die Systeme der Bank übernommen.

5) Die Saldenbestätigung wird automatisch an die neue Anschrift verschickt.

Ein wichtiger Punkt in diesem Prozess ist der Datenschutz. Aus datenschutzrechtlichen Gründen ist der gesamte Ermittlungsprozess zu protokollieren.

Stellen Sie sich vor, Sie sind als Privatperson Kunde bei der SCHUFA und erhalten von der SCHUFA die Information, die Firma DAS Datenhaus hat Ihre Anschrift angefragt. Dann muss dafür ein berechtigtes Interesse vorliegen, d.h. wenn Sie jetzt das Datenhaus anschreiben[63], muss Ihnen diese Firma dieses berechtigte Interesse nachweisen, beziehungsweise mitteilen, wer diese Anfrage gestellt hat.

In unserem konkreten Beispiel würden Sie von der Firma Das Datenhaus die Rückmeldung bekommen, dass die Firma Das Datenhaus Ihre Anschrift im Auftrag der XY-Bank ermittelt hat und Ihnen die Anschrift der anfragenden Bank inkl. Ansprechpartner mitteilen. Dann können Sie wiederum bei dieser Bank nachfragen.

Parallel dazu ist auch die SCHUFA aus datenschutzrechtlichen Gründen verpflichtet, Stichproben zu ziehen und bei der Firma Das Datenhaus für diese Stichproben einen Nachweis für das berechtigte Interesse[64] für die Anfrage zu liefern. Diese Stichproben sind vom Datenschutzbeauftragten der Firma das Datenhaus zu protokollieren. Die Höhe der Stichproben richtet sich nach der Zahl der innerhalb eines Jahres getätigten Anfragen.

Mit Hilfe der DSGF ist Das Datenhaus heute in der Lage, auch den gesamten Logistikteil mit dem Versand bzw. Neuversand von Geschäftsunterlagen nach Ermittlung einer neuen Anschrift zu übernehmen. Das bietet den Geschäftspartnern die Möglichkeit, den gesamten Prozess auszulagern und sich selbst auf das eigentliche Kerngeschäft zu fokussieren.

---

[63] Dafür ist es zwingend erforderlich, dass Sie diese Anfrage schriftlich machen und dabei Ihre Identität, z.B. durch eine Kopie vom Personalausweis, nachweisen.

[64] Das berechtigte Interesse eines Unternehmens an einer Auskunft über Sie als Käufer liegt unter anderem in folgenden Fällen vor wenn:

- es sich um eine **Geschäftsanbahnung** handelt (zum Beispiel Angebot, Vertrag, Bestellung) und ein Ausfallrisiko für das Unternehmen besteht,
- die Person regelmäßige **Zahlungsverpflichtungen** gegenüber einem Unternehmen hat (zum Beispiel Kredite, Ratenzahlung oder ein anderes Dauerschuldverhältnis) oder eine Forderung in das Inkasso übergeben werden soll.

In diesen Fällen wiegt das Interesse an Sicherheit für das Unternehmen höher als das Interesse an Datenschutz für den Konsumenten, da die Unternehmen mit ihrer Ware oder Dienstleistung in Vorleistung gehen. Gesetzlich geregelt ist dieses Vorgehen im §29 des Bundesdatenschutzgesetzes (BDSG).
Vor jeder Auskunftserteilung muss das Unternehmen den Grund für das berechtigte Interesse vorab angeben. Das Vorliegen des berechtigten Interesses wird von jeder Auskunftei stichprobenartig regelmäßig überprüft.

© New Earth Publishing

Die arxes-tolina GmbH

Die arxes-tolina GmbH[65] ist etwas anders aufgestellt. Hier werden eigene Softwarelösungen im Bereich des Forderungsmanagements entwickelt und in beim Kunden vorhandene Softwarelösungen integriert. Ergänzt wird dieses Angebot durch die gesamte Palette der Netzwerktechnik inkl. Hardware und Backuplösungen, d.h. es handelt sich hier um ein „klassisches“ Systemhaus.

Durch eine strategische Zusammenarbeit mit der finanz informatik[66], dem Rechenzentrum der Sparkassen auf der einen Seite und der SCHUFA AG als Informationslieferant auf der anderen Seite hat sich die arxes-tolina GmbH neben der Deutschen Post AG fest als Systempartner der Sparkassen etabliert.

Die arxes-tolina GmbH ist in der Lage, den gesamten Prozess der Anschriftenermittlung, Bonitätsprüfung und automatischen Weiterverarbeitung der daraus gewonnen Informationen tief in die Software der Sparkassen zu integrieren.

Durch die intensive Kooperation mit der SCHUFA hat die arxes-tolina GmbH die Möglichkeit, die regelmäßigen Veranstaltungen der SCHUFA für eigene Vorträge und Präsentationen zu nutzen und auf diesem Wege neue Kunden zu generieren.

Neben der reinen „Informationsbeschaffung“ liefert die arxces-tolina GmbH komplette Softwarelösungen, die dem Kunden ermöglichen, den gesamten Inkassoprozess inkl. Pfändungen komfortabel zu verwalten. Parallel dazu gibt es eine eigene Akademie, die neben Schulungen zu eigenen Produkten und Lösungen zunehmend Ihr Angebot auf weitere Bereiche erweitert.

Neben Zahlreichen Standorten in Deutschland streckt die arxces-tolina aktuelle Ihre Fühler nach China aus, um in diesem Wachstumsmarkt der Zukunft Ihre Geschäft zu erweitern.

[65] Einen Überblick über das vollständige Angebot finden Sie unter www.tolina.de .

[66] www.f-i.de

Kapitel

8

Produkte für Privatpersonen

Hier erhalten Sie einen Überblick über Produkte und Dienstleistungen, die Sie als Privatperson bei der SCHUFA in Anspruch nehmen können.

In der Praxis kommt es immer häufiger vor, dass sich auch Privatpersonen Informationen einholen. Angefangen mit der Selbstauskunft, über Informationen über zukünftige Mieter, sofern Immobilien vermietet werden, bis hin zu Auskünften über potentielle Arbeitgeber. Dabei spielt die SCHUFA neben weiteren Informationsmöglichkeiten im Internet, wie Facebook und den verschiedensten Bewertungsportalen, eine zunehmende Rolle.

Zunächst ist zu unterscheiden zwischen so genannten Selbstauskünften und Auskünften über Dritte. Als Privatperson kann ich bei der SCHUFA nur Informationen über mich selbst und über Firmen abfragen, nicht aber über andere Privatpersonen.

SCHUFA Bonitätsauskunft

Grundsätzlich können Privatpersonen bei der SCHUFA eine Bonitätsauskunft über sich selbst einholen. Das kann vor allem Interessant sein, wenn Sie einen Kredit benötigen, um z.B. ein Auto oder eine Immobilie zu finanzieren. So haben Sie bereits im Vorfeld Ihrer Anfrage bei einer Bank oder Leasinggesellschaft einen Überblick darüber, welche Daten über Sie bei der SCHUFA gespeichert sind, wie Ihr aktueller Basisscore bei der SCHUFA ist und ob es gegebenenfalls Einträge gibt, die nicht auf dem aktuellen Stand sind. Ausgerüstet mit diesen Informationen haben Sie jetzt die Möglichkeit, der SCHUFA eventuell erforderliche Korrekturen im Vorfeld mitzuteilen und Ihre Bonität noch vor der eigentlichen Anfrage der Bank zu optimieren.

Im Gegensatz zur kostenlosen Selbstauskunft, die Sie einmal im Jahr kostenlos erhalten, ist die Bonitätsauskunft kostenpflichtig. Diese Kosten fallen aber nicht wirklich ins Gewicht, wenn sich durch die Bonitätsauskunft mögliche Probleme mit der Bank bereits im Vorfeld aus der Welt schaffen lassen und die Bank so gar nicht erst davon erfährt.

Eine Bonitätsauskunft über andere Privatpersonen erhalten Sie nicht.

SCHUFA Unternehmensauskunft

Neben einer Bonitätsauskunft über Ihre eigene Person können Sie auch eine Firmenauskunft einholen. So haben Sie beispielsweise die Möglichkeit, sich im Vorfeld über die Bonität Ihres Arbeitgebers oder Ihres Bauträgers zu informieren und können so unter Umständen einer Fehlentscheidung vorbeugen. Die in das Onlineportal www.meineschufa.de Option steht jedem registrierten Nutzer gegen eine entsprechende Gebühr zur Verfügung.

Mit der Unternehmensauskunft bietet die SCHUFA für Privatpersonen erstmals die Möglichkeit an, Bonitätsinformationen über ein Unternehmen einzuholen. Damit können sich Privatpersonen bereits vor einer Geschäftsbeziehung ein genaueres Bild von der Kreditwürdigkeit eines Unternehmens machen. "Mit der SCHUFA-Unternehmensauskunft haben Privatpersonen ein verlässliches und unabhängiges Instrument zur Hand, das bei der genaueren Einschätzung von Risiken bei größeren finanziellen Engagements hilft", erklärt Tilo Walter, Leiter des Bereichs Privatkunden und Verbraucherdienste der SCHUFA Holding AG.

Deutlich werden die Vorteile der neuen SCHUFA-Unternehmensauskunft am Beispiel Hausbau. Laut dem Bauherren-Schutzbund e.V. betragen die durchschnittlichen Kosten, die für Bauherren durch insolvente Baufirmen entstanden sind, ca. 15.000 Euro. Durch die Informationen, die in der SCHUFA-Unternehmensauskunft bereitgestellt werden, können Bauherren schon vorher objektiver abschätzen, ob beispielsweise ein Bauunternehmen auch halten kann, was es verspricht. Böse Überraschungen, wie eine Verzögerung am Bau, eine höhere finanzielle Belastung oder gar ein Baustopp können so wahrscheinlicher vermieden werden.

In der SCHUFA-Unternehmensauskunft werden zurückliegende Angaben über das Zahlungsverhalten sowie gegebenenfalls negative Zahlungserfahrungen zu den Unternehmen aufgeführt. Darüber hinaus umfasst die SCHUFA-Unternehmensauskunft auch Basisinformationen zum Unternehmen wie beispielsweise Rechtsform, genauen Namen und Sitz, Angaben zur Branche und der ersten Führungsebene, Geschäftsgegenstand, Umsatz, Stammkapital, Mitarbeiteranzahl, sowie Handelsregisterinformationen.

Ein leicht verständliches Ampel-Symbol gibt zudem Aufschluss über die in den nächsten 12 Monaten erwartete Zahlungsfähigkeit des Unternehmens. Dem Auskunftssuchenden erschließt sich dadurch auf einen Blick, ob sich die erwartete Bonität des Unternehmens tendenziell positiv ("grünes Licht") oder negativ ("rotes Licht") entwickeln wird.

Die SCHUFA-Unternehmensauskunft ist ein Service für registrierte Nutzer des Internetportals www.meineSCHUFA.de. **Eine Registrierung kostet einmalig 18,50 Euro.** Auskunftssuchende können sich dann in ihren persönlichen Bereich einloggen und dort das Unternehmen auswählen, für welches eine Bonitätsauskunft erstellt werden soll. Die SCHUFA-Unternehmensauskunft kann in der Regel bereits nach wenigen Minuten bequem als PDF-Datei heruntergeladen werden. **Pro Auskunft kostet dieser Service 28,50 Euro.** Voraussetzung für den Bezug einer Unternehmensauskunft ist die Bestätigung, dass ein berechtigtes Interesse des Auskunftssuchenden an den Bonitätsinformationen des jeweiligen Unternehmens vorliegt.[67]

---

[67] Zitiert aus der Pressemitteilung der SCHUFA vom 23.11.2010

SCHUFA-Auskunft online

Bei der SCHUFA-Auskunft online kann jede volljährige Privatperson wahlweise einmal im Jahr eine kostenlose Selbstauskunft bestellen, die per Post zugestellt wird, oder Sie kann einen kostenpflichtigen Onlinezugang beantragen. Mit dem Onlinezugang haben Sie regelmäßig Zugriff auf Ihre von der SCHUFA über Sie gespeicherten Daten[68]. Zusätzlich erhalten Sie auf Wunsch eine Benachrichtigung per Mail, sobald sich an ihrem Eintrag etwas ändert. Dabei spielt es keine Rolle, ob es sich um eine von Ihnen selbst verursachte Änderung, wie einen Umzug, oder um eine durch eine Anfrage eines Dritten verursachte Änderung handelt.

Zunächst möchte ich Ihnen Schritt für Schritt welche Informationen beim Registrierungsprozess abgefragt werden. Die einfachste Registrierung erfolgt mit Hilfe von einem deutschen Personalausweis.

Wenn Sie keinen deutschen Personalausweis besitzen, können Sie alternativ mit Ihrem Reisepass in Verbindung mit einer Meldebescheinigung einen Zugang beantragen.

REGISTRIERUNG 01: Wählen Sie zunächst aus, ob Sie sich mit Ihrem Personalausweis registrieren wollen.

Im nächsten Schritt werden Sie gefragt, ob Sie sich mit dem alten oder neuen Personalausweis registrieren wollen.

---

68 Soweit diese Daten von der SCHUFA für Sie zur Einsicht freigegeben wurden.

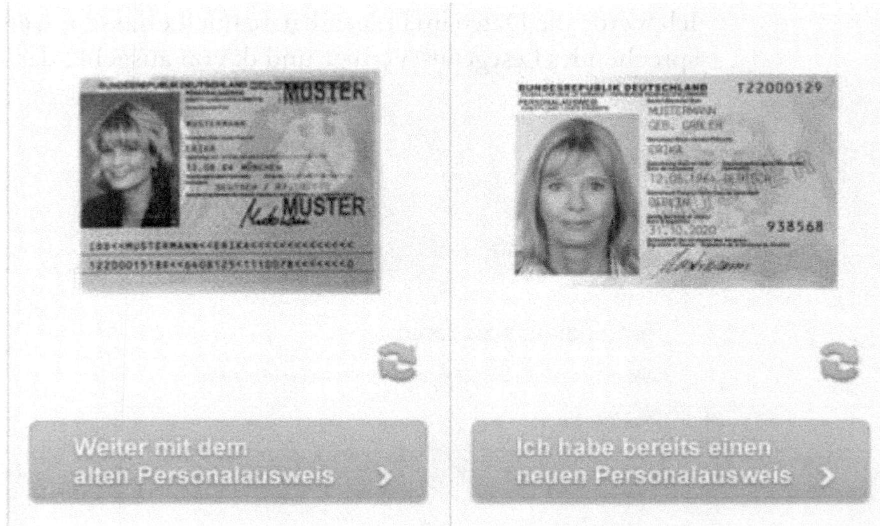

REGISTRIERUNG 02:. Wählen Sie aus, welchen Personalausweis Sie haben, alt oder neu.

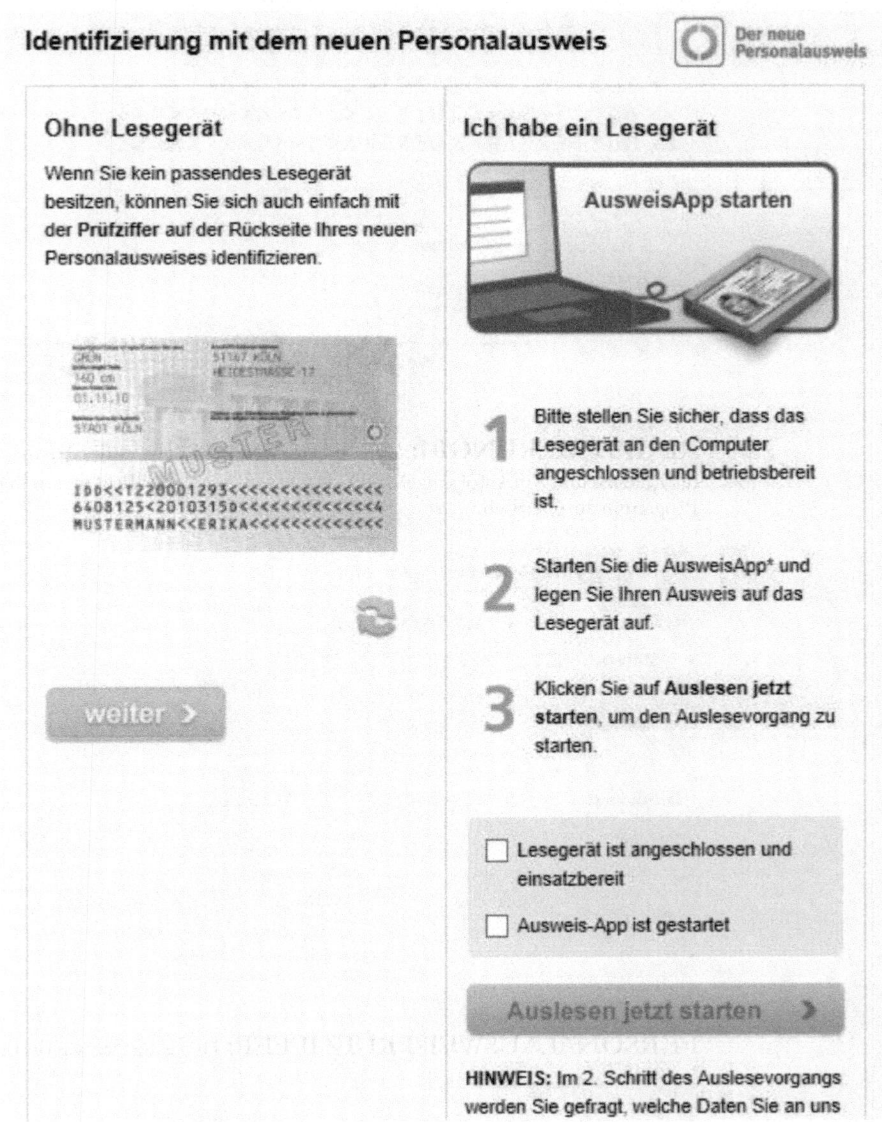

REGISTRIERUNG 03:. Mit dem neuen Personalausweis haben Sie alternativ die Möglichkeit, einen Ausweisleser zu benutzen oder Ihre Daten manuell zu erfassen.

Ich werde die Daten im Folgenden manuell erfassen, weil ich nicht über ein entsprechendes Lesegerät[69] verfüge und davon ausgehe, dass es vielen meiner Leser ähnlich geht.

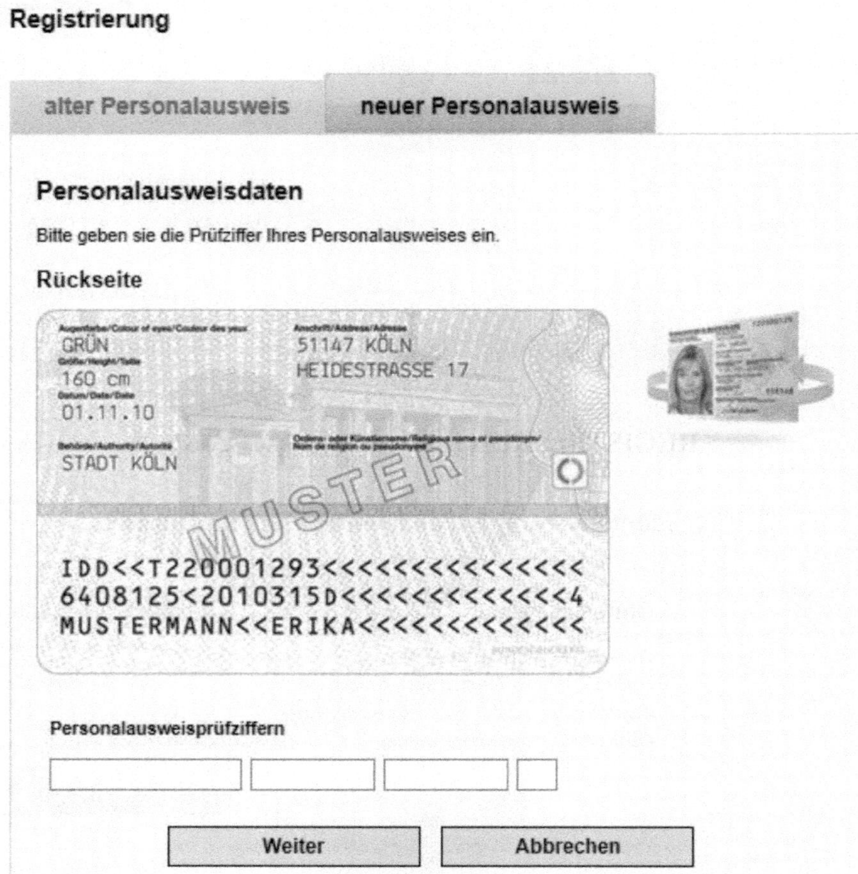

REGISTRIERUNG 04:. Zunächst wird von der Rückseite des Ausweises die Prüfziffer abgefragt. Das ist die Zeichen und Ziffernfolge nach IDD<<. Die Aufteilung der Prüfziffern in die einzelnen Felder macht das Programm automatisch.

Neuer Personalausweis [Bearbeiten]

Multiplikator			7317	31731		
Ziffern	IDD	<<	wwww	NNNNN	n	<<<<<<<<<<<<<<<
Bedeutung			Behördenkennzahl laufende Nr. Prüfziffer			

Multiplikator	73	17	31			73	17	31				
Ziffern	JJ	MM	TT	n	<	JJ	MM	TT	n	D	<<<<<<<<<<<<<<	N
Bedeutung	Geburtsjahr Geburtsmonat Geburtstag Prüfziffer					Ablaufjahr Ablaufmonat Ablauftag Prüfziffer				Staatsangehörigkeit (D = deutsch)		Prüfziffer über alle Ziffern

PERSONALAUSWEISPRÜFZIFFER:. Hier sehen Sie, wie die Prüfziffer im Detail aufgebaut ist. (Quelle: www.wikipedia.de)

[69] Eine Auswahl möglicher Ausweiskartenleser zum Kauf finden Sie hier: http://www.personalausweis-kartenleser.com/

Im Anschluss werden Ihre vollständigen persönlichen Daten abgefragt und vom Programm automatisch mit der Prüfziffer im Ausweis abgeglichen. Dabei haben Sie optional auch noch die Möglichkeit, einen Zweitwohnsitz anzugeben. Informationen, die Sie bei der Registrierung zusätzlich erfassen, werden von der SCHUFA mit den bereits über Sie vorhandenen Daten gespeichert.

Eingabe Ihrer Daten für die Bestellung

Bitte geben Sie Ihre Daten ein, die für die Bestellung notwendig sind. Bei den mit * gekennzeichneten Feldern handelt es sich um Pflichtfelder. Ohne diese Angaben können wir Ihre Bestellung nicht bearbeiten.

Nach Eingabe aller Daten haben Sie die Möglichkeit ihre Angaben nochmal zu überprüfen und falls erforderlich zu korrigieren.

Meine persönlichen Daten

Anrede*
Name*
Vorname(n)*
Geburtsdatum*
TT.MM.JJJJ
Geburtsname
Geburtsort
Frühere Namen

Adresse

Straße* / Hausnr.*
Postleitzahl* / Ort*

Zweiter Wohnsitz

Straße / Hausnr.
Postleitzahl / Ort

REGISTRIERUNG 04:. Tragen Sie hier Ihre vollständigen persönlichen Daten ein. Die Angabe für den zweiten Wohnsitz ist freiwillig.

Nach den Pflichtangaben haben Sie noch die Möglichkeit, frühere Adressen zu ergänzen. Dabei sollten Sie wissen, dass die Anzahl der Umzüge bzw. die Zeitfenster zwischen den einzelnen Umzügen bei der SCHUFA zur Ermittlung Ihres Score Wertes herangezogen wird. Beispiel: Die SCHUFA hat bislang zur 2 Umzüge über Sie gespeichert und Sie tragen hier 2 weitere Umzugsadressen ein, dann macht das in Summe 4. Und das verändert bereits Ihren Score Wert.

Praxistipp

Meine Empfehlung an dieser Stelle: Beschränken Sie sich bei der Eingabe Ihre Daten auf die geforderten Mindestangaben. Zweiter Wohnsitz und sonstige, frühere Adressen sind freiwillige Angaben, auf die Sie getrost verzichten können.

Sonstige, auch frühere Adressen

1. Sonstige, auch frühere Adresse

Straße / Hausnr.

Postleitzahl / Ort

2. Sonstige, auch frühere Adresse

Straße / Hausnr.

Postleitzahl / Ort

Zugangsdaten

Benutzername*

Mindestens 8 Zeichen, beginnend mit einem Buchstaben, keine Leer- oder Sonderzeichen.

Passwort*

Bitte zeigen Sie auf das "?" um die Anforderung an das Passwort anzuzeigen.

Passwort wiederholen*

E-Mail-Adresse*

E-Mail-Adresse wiederholen*

Benachrichtigungsform für Ihren SCHUFA-UpdateService

Bitte wählen Sie, ob Sie per E-Mail und/oder per SMS benachrichtigt werden möchten.

○ E-Mail ○ SMS ○ SMS und E-Mail

REGISTRIERUNG 05: Geben Sie hier Ihre gewünschten Zugangsdaten ein und notieren Sie sich Ihre Eingabe, oder besser, machen Sie einen Bildschirmausdruck und archivieren Sie diese Information.

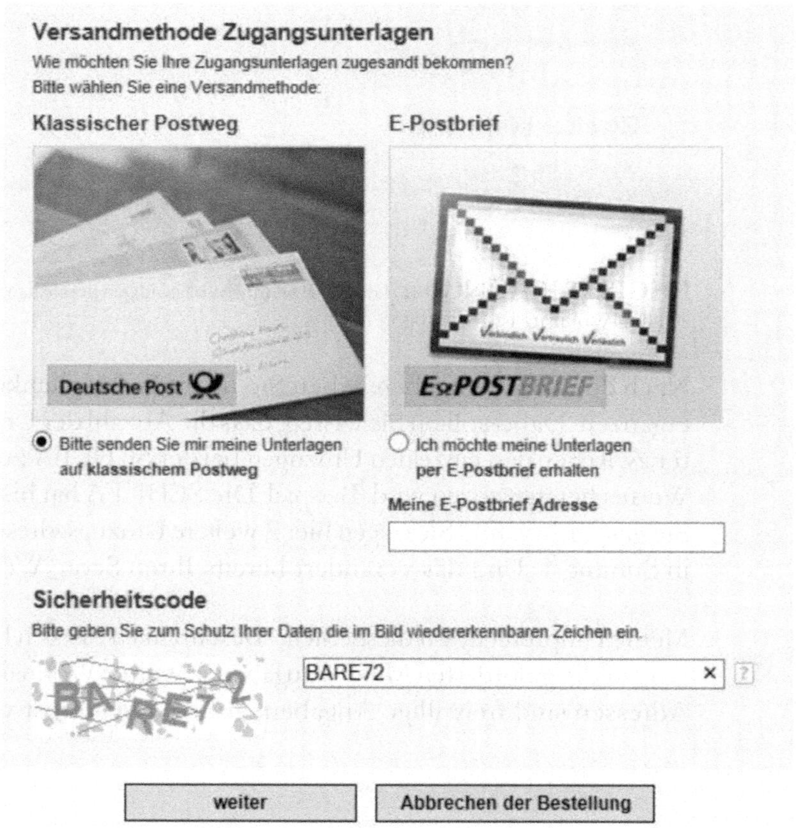

Versandmethode Zugangsunterlagen

Wie möchten Sie Ihre Zugangsunterlagen zugesandt bekommen?
Bitte wählen Sie eine Versandmethode:

Klassischer Postweg | **E-Postbrief**

◉ Bitte senden Sie mir meine Unterlagen auf klassischem Postweg

○ Ich möchte meine Unterlagen per E-Postbrief erhalten

Meine E-Postbrief Adresse

Sicherheitscode

Bitte geben Sie zum Schutz Ihrer Daten die im Bild wiedererkennbaren Zeichen ein.

BARE72

weiter | Abbrechen der Bestellung

REGISTRIERUNG 03: Zum Abschluss können Sie noch wählen, wie Sie die Zugangsdaten zugestellt haben möchten, ob per Brief oder per E-Post.

🗀 **Wichtig**

Dabei sollten Sie wissen: wenn Sie eine eigene E-Post Mail beantragen und aktivieren, dann sind Sie automatisch verpflichtet, Ihre E-Post regelmäßig abzurufen. Alle Briefe und Dokumente, die Ihnen über Ihre E-Post Adresse zugestellt werden, gelten rechtlich als zugestellt und zwar in dem Moment, in dem diese in Ihrem elektronischen Postfach abgelegt sind, unabhängig davon, wann Sie die Daten abrufen und lesen.

Die Aktivierung und Freischaltung Ihres Online Zugangs erfolgt in 2 Schritten: zunächst erhalten Sie von der SCHUFA eine Bestätigungsmail, dass Sie sich registriert haben. Anschließend kommen noch eine Freischaltung und eine Aktivierungsmail.

Sehr geehrter ....,

vielen Dank, dass Sie sich in unserem Verbraucherportal "www.meineSCHUFA.de" registriert haben.

Wir haben Ihre Registrierung bearbeitet. Ihr Zugang zu www.meineSCHUFA.de ist ab sofort freigeschaltet.

Ihr persönliches Startpaket bestehend aus

- der Super-PIN und
- Erläuterungen zum Online-Zugang zu unserem Verbraucherportal

haben wir per Post an Sie versendet. Sie erhalten es in den nächsten 5 Werktagen.

FREISCHALTUNG: Sie erhalten per Mail die Freischaltung Ihres Zugangs und zugleich die Information, welche Unterlagen per Post an Sie verschickt werden.

Durch die Kombination der Freischaltung per Mail und die Zusendung der Super-PIN per Post ist mit Ihrem ersten Login für die SCHUFA gewährleistet, dass sowohl Ihre E-Mail Adresse, als auch Ihre postalische Anschrift korrekt sind.

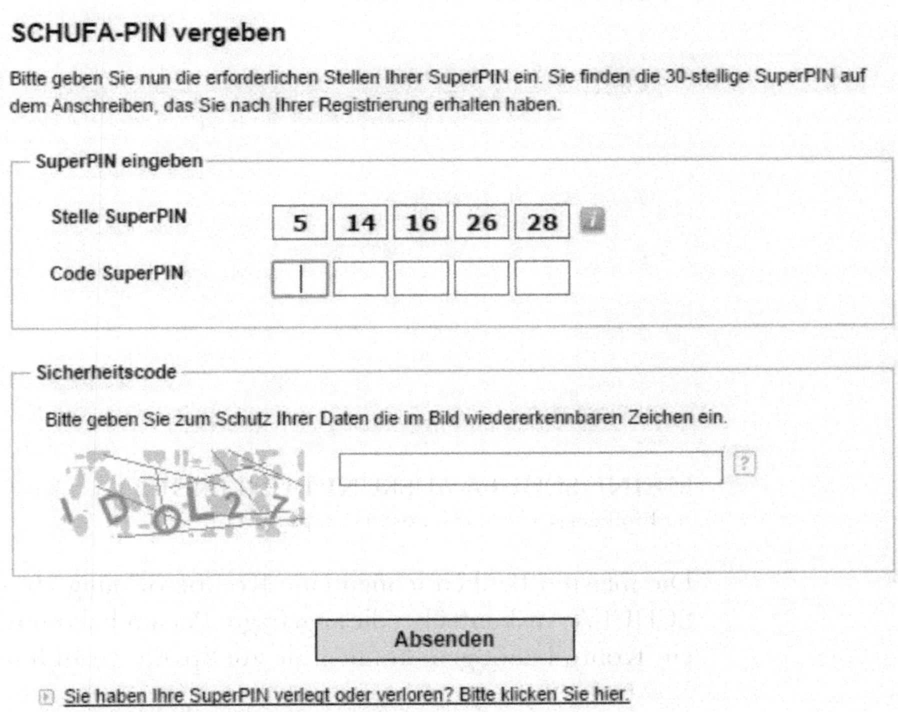

SUPERPIN: Den SuperPIN benötigen Sie, um einen persönlichen SCHUFA-PIN zu vergeben, den Sie im Zweifel für den Login benötigen, sollten Sie Ihr persönliches Kennwort vergessen haben.

Sobald Sie sich mit Ihrem Online Zugang anmelden haben Sie Zugriff auf alle von der SCHUFA über Sie gespeicherten Informationen[70].

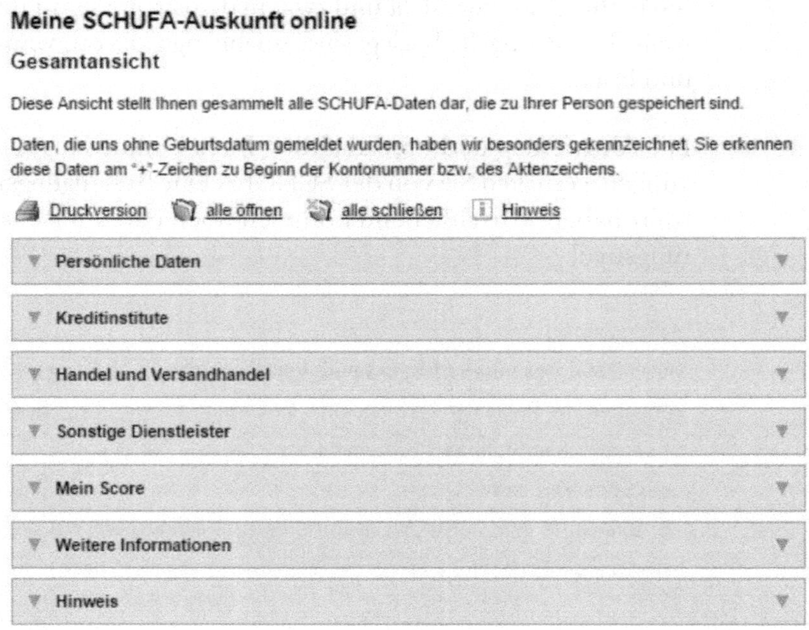

MEINE SCHUFA-AUSKUNFT ONLINE 01:. Hier sehen Sie die Übersicht über die von der SCHUFA über Sie gespeicherten Daten.

Unter Kreditinstitute werden sämtliche Kredite, die gemeldet wurden, gespeichert. Darüber hinaus finden Sie hier auch alle Kreditanfragen und Anfragen nach der Eröffnung eines neuen Kontos.

MEINE SCHUFA-AUSKUNFT ONLINE 02:. Jede Anfrage einer Bank zu einem Kredit oder zur Eröffnung eines Girokontos wird gespeichert.

Die meisten Banken lehnen eine Kontoeröffnung ab, wenn Sie eine schlechte SCHUFA Auskunft über die angefragte Person bekommen. Wenn Sie unbedingt ein Konto benötigen, können Sie zur Sparkasse an Ihrem Wohnort gehen. Die

[70] Soweit diese offiziell als bekannt klassifiziert und für Sie im Zugriff freigegeben sind. Sollte die Schufa noch andere Daten und Informationen über Sie gespeichert haben, würden Sie es weder wissen, noch merken.

Sparkassen unterliegen dem so genannten Kontrahierungszwang[71], d.h. die Sparkasse an Ihrem Wohnsitz ist verpflichtet, für Sie ein Konto zu eröffnen.

Wenn Sie Ihren Wohnsitz wechseln und den Strom ummelden, oder wenn Sie Ihren Energieversorger wechseln wollen, erfolgt in vielen Fällen zunächst eine Anfrage bei der SCHUFA. Bei negativer Auskunft werden Sie häufig als Kunde abgelehnt. Da für eine Wohnung Strom benötigen, gilt auch hier, ähnlich wie bei den Sparkassen, ein Kontrahierungszwang, d.h. der Stromanbieter, der für Ihren Wohnsitz als Grundversorger[72] eingetragen ist, ist verpflichtet, Sie mit Strom zu beliefern. Im Zweifel gegen Vorkasse.

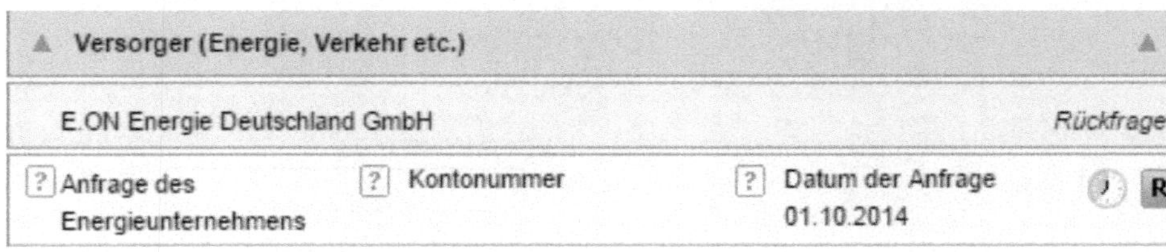

MEINE SCHUFA-AUSKUNFT ONLINE 03:. Die meisten Energieversorger fragen vor Vertragsabschluss ebenfalls bei der SCHUFA an.

MEINE SCHUFA-AUSKUNFT ONLINE 04:. Viele Onlinehändler und Zahlungsdienste fragen ebenfalls bei der SCHUFA an, bevor Sie ein neues Internetkonto freischalten.

Sämtliche Anfragen von Unternehmen werden bei der SCHUFA gespeichert.

---

[71] Der Kontrahierungszwang gilt nur für die Ihrem Wohnort am nächsten gelegene Sparkassenfiliale. Wenn Sie z.B. in München Schwabing wohnen, müssen Sie zu einer Sparkasse in München Schwabing gehen. Die Hamburger Sparkasse könnte trotzdem ablehnen. Leider ist es oft so, dass Sie die Mitarbeiter der Sparkasse explizit auf den Kontrahierungszwang hinweisen müssen, wenn Sie trotz negativer Einträge bei der SCHUFA ein Konto eröffnen wollen.

[72] Welcher Stromanbieter für Ihren Wohnsitz die Grundversorgung übernommen hat, finden Sie am schnellsten über das Internet heraus. Andernfalls fragen Sie einfach den Stromversorger an, der Sie abgelehnt hat; er wird Ihnen sagen, wer für Ihre Wohnung Grundversorger ist.

Wenn jemand eine titulierte Forderung gegen Sie hat, kann er diese bei der SCHUFA eintragen lassen. Mit dem Eintrag einer titulierten Forderung bei der SCHUFA sinkt Ihre Bonität gegen Null.

MEINE SCHUFA-AUSKUNFT ONLINE 05:. So sieht es aus, wenn bei der SCHUFA titulierte Forderungen über Sie gespeichert sind.

Die titulierte Forderung wird nur noch getoppt durch den Eintrag eines Haftbefehls[73]. In vielen Fällen werden mit Eintragung einer titulierten Forderung und/oder eines Haftbefehls automatisch Ihre Kreditkarten und Ihre Konten gesperrt. D.h. spätestens an dieser Stelle besteht dringender Handlungsbedarf.

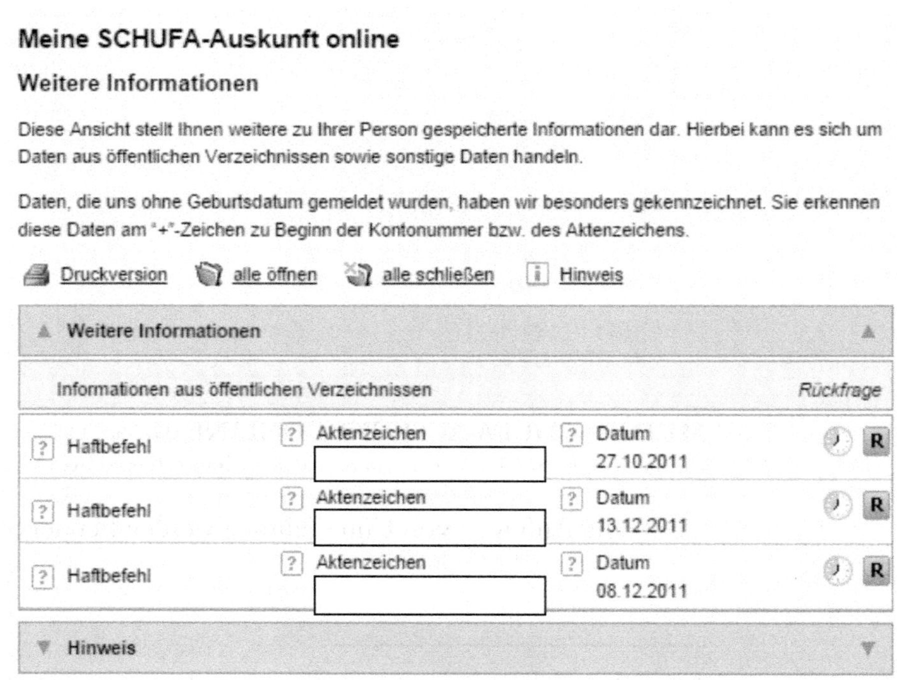

WEITERE INFORMATIONEN:. Neben Haftbefehlen finden Sie hier sämtliche Informationen aus öffentlichen Verzeichnissen, wie z.B. eine Verbraucherinsolvenz, die Abgabe einer EV (heute heißt das Vermögensaufstellung) und andere.

---

[73] Ein Haftbefehl kann z.B. durch einen Gläubiger beantragt werden, wenn Sie eine titulierte Forderung nicht bezahlen und sich weigern, eine Vermögensauskunft zu erteilen.

Unter weitere Informationen finden Sie sämtliche Informationen aus öffentlichen Verzeichnissen, insbesondere der Amts- und Insolvenzgerichte.

Im Abschnitt fehlende Informationen können Sie einzelne Verträge ergänzen, die bislang nicht von der SCHUFA erfasst wurden.

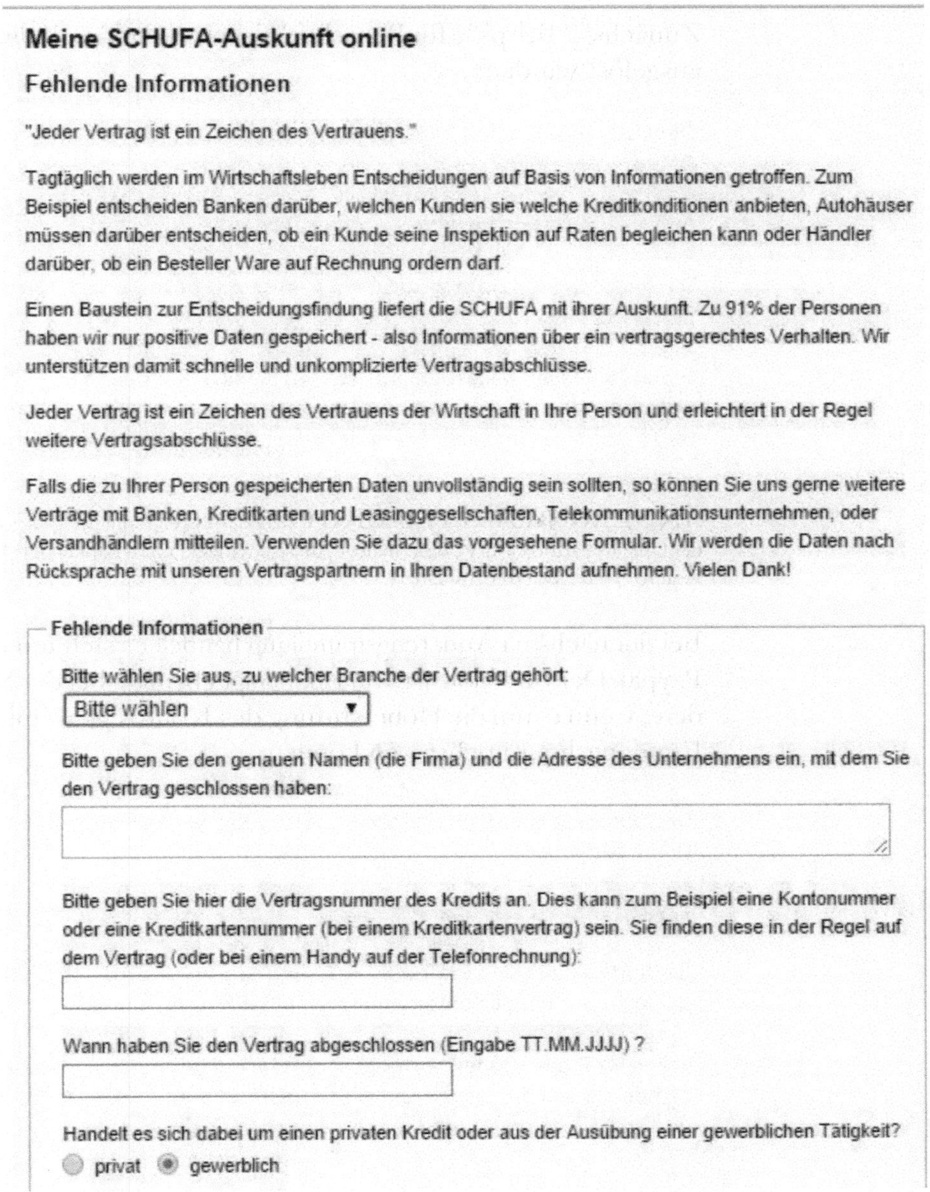

Meine SCHUFA-Auskunft online

Fehlende Informationen

"Jeder Vertrag ist ein Zeichen des Vertrauens."

Tagtäglich werden im Wirtschaftsleben Entscheidungen auf Basis von Informationen getroffen. Zum Beispiel entscheiden Banken darüber, welchen Kunden sie welche Kreditkonditionen anbieten, Autohäuser müssen darüber entscheiden, ob ein Kunde seine Inspektion auf Raten begleichen kann oder Händler darüber, ob ein Besteller Ware auf Rechnung ordern darf.

Einen Baustein zur Entscheidungsfindung liefert die SCHUFA mit ihrer Auskunft. Zu 91% der Personen haben wir nur positive Daten gespeichert - also Informationen über ein vertragsgerechtes Verhalten. Wir unterstützen damit schnelle und unkomplizierte Vertragsabschlüsse.

Jeder Vertrag ist ein Zeichen des Vertrauens der Wirtschaft in Ihre Person und erleichtert in der Regel weitere Vertragsabschlüsse.

Falls die zu Ihrer Person gespeicherten Daten unvollständig sein sollten, so können Sie uns gerne weitere Verträge mit Banken, Kreditkarten und Leasinggesellschaften, Telekommunikationsunternehmen, oder Versandhändlern mitteilen. Verwenden Sie dazu das vorgesehene Formular. Wir werden die Daten nach Rücksprache mit unseren Vertragspartnern in Ihren Datenbestand aufnehmen. Vielen Dank!

Fehlende Informationen

Bitte wählen Sie aus, zu welcher Branche der Vertrag gehört:

Bitte wählen

Bitte geben Sie den genauen Namen (die Firma) und die Adresse des Unternehmens ein, mit dem Sie den Vertrag geschlossen haben:

Bitte geben Sie hier die Vertragsnummer des Kredits an. Dies kann zum Beispiel eine Kontonummer oder eine Kreditkartennummer (bei einem Kreditkartenvertrag) sein. Sie finden diese in der Regel auf dem Vertrag (oder bei einem Handy auf der Telefonrechnung):

Wann haben Sie den Vertrag abgeschlossen (Eingabe TT.MM.JJJJ) ?

Handelt es sich dabei um einen privaten Kredit oder aus der Ausübung einer gewerblichen Tätigkeit?

privat gewerblich

FEHLENDE INFORMATIONEN:. In diesem Bereich haben Sie die Möglichkeit, nicht in der SCHUFA erfasste Handy- und/oder Kreditverträge zu ergänzen.

Bevor Sie hier allerdings tätig werden, sollten Sie sich im Vorfeld einmal Gedanken machen, welchen Einfluss diese Verträge, die Sie hier manuell erfassen wollen, auf Ihre Bewertung, Ihren Score haben. Manchmal ist weniger mehr[74].

---

[74] Die in diesem Kapitel gezeigten Screenshots stammen aus echten SCHUFA Einträgen. Die Veröffentlichung erfolgt selbstverständlich mit Wissen und Einverständnis des/der Betroffenen.

SCHUFA Updateservice

Wenn Sie den SCHUFA-Updateservice aktivieren, werden Sie automatisch benachrichtigt, sobald jemand Daten über Sie anfragt oder die SCHUFA Einträge oder Bewertungen über Ihre Person ändert.

Zunächst 2 Beispiele für Benachrichtigungen die durch die Anfrage eines Dritten ausgelöst wurden:

Der UpdateService hat folgende Änderung der zu Ihrer Person bei der SCHUFA gespeicherten Daten festgestellt:

Ihre Namens-/Adressdaten wurden geändert.

Die Änderungen sind in Ihrer SCHUFA-Auskunft online ersichtlich. Diese finden Sie in Ihrem persönlichen Bereich unter www.meineSCHUFA.de.

Wenn Sie Fragen haben sollten, können Sie sich telefonisch an unsere SCHUFA Service-Nummer wenden. Sie erreichen uns unter der Telefonnummer 0611 - 92780 von Montag bis Freitag von 8 bis 18 Uhr. Unsere Mitarbeiterinnen und Mitarbeiter werden Ihnen gerne weiterhelfen.

ÄNDERUNGSMITTEILUNG 01:. Die Änderungsmitteilung wegen Umzug wird der SCHUFA aus der Umzugsdatenbank der Post gemeldet. Alternativ melden z.B. Banken regelmäßig Adressänderungen Ihrer Kunden an die SCHUFA weiter.

Bei der nächsten Änderungsmitteilung handelt es sich um eine Anfrage der Firma Paypal. Der Bezahldienst von Ebay fragt ebenfalls bei der SCHUFA an, insbesondere, wenn es um die Höherstufung des Kontos geht, mit der Sie als Kunde das Empfangslimit hochsetzen können.

Der UpdateService hat folgende Änderung der zu Ihrer Person bei der SCHUFA gespeicherten Daten festgestellt:

PayPal (Europe) S.à.r.l. & Cie, S. C. A. hat eine neue Anfrage gestellt.

Die Änderungen sind in Ihrer SCHUFA-Auskunft online ersichtlich. Diese finden Sie in Ihrem persönlichen Bereich unter www.meineSCHUFA.de.

Wenn Sie Fragen haben sollten, können Sie sich telefonisch an unsere SCHUFA Service-Nummer wenden. Sie erreichen uns unter der Telefonnummer 0611 - 92780 von Montag bis Freitag von 8 bis 18 Uhr. Unsere Mitarbeiterinnen und Mitarbeiter werden Ihnen gerne weiterhelfen.

ÄNDERUNGSMITTEILUNG 02:. Hier hat Paypal eine Anfrage an die SCHUFA gestellt.

Genauere Informationen zu den entsprechenden Anfragen / Änderungen bekommen Sie in Ihrem persönlichen Bereich unter www.meineSCHUFA.de.

Sie werden aber auch automatisch benachrichtigt, sobald die SCHUFA selbst eine Bewertung Ihrer Person vornimmt und/oder ändert. Im folgenden Beispiel hat die SCHUFA eine Neubewertung der Person vorgenommen. Der so genannte Basisscore wurde neu berechnet. Das kann auf Grund von neu eigemeldeten Informationen, wie z.B. einer Kreditanfrage oder einer Kreditrückzahlung ausgelöst werden oder durch den laufenden, routinemäßigen Turnus der Neuberechnung.

Der UpdateService hat folgende Änderung der zu Ihrer Person bei der SCHUFA gespeicherten Daten festgestellt:

Ihr SCHUFA-Basisscore wurde neu berechnet. Der Wert hat sich nicht verändert.

Die Änderungen sind in Ihrer SCHUFA-Auskunft online ersichtlich. Diese finden Sie in Ihrem persönlichen Bereich unter www.meineSCHUFA.de.

Wenn Sie Fragen haben sollten, können Sie sich telefonisch an unsere SCHUFA Service-Nummer wenden. Sie erreichen uns unter der Telefonnummer 0611 - 92780 von Montag bis Freitag von 8 bis 18 Uhr. Unsere Mitarbeiterinnen und Mitarbeiter werden Ihnen gerne weiterhelfen.

ÄNDERUNGSMITTEILUNG 03:. Die Neuberechnung des SCHUFA-Basisscore hat keine Änderung mit sich gebracht.

In meinem Beispiel hat sich der Basisscore nicht verändert, d.h. die SCHUFA hat seit der letzten Berechnung keine neuen Informationen erhalten, die den Score so stark beeinflusst haben, dass es für eine Veränderung ausreicht.

Interessant für mich ist, dass der Erwerb des Produktes SCHUFA-Ident Safe sich offensichtlich positiv auf meinen Basisscore ausgewirkt hat, den unmittelbar nach der Bestellung habe ich eine Updatenachricht erhalten mit einem neuen, besseren Scorewert.

SCHUFA-Ident Safe[75]

Durch die zunehmende Digitalisierung unserer Welt, die verbesserten Speichermöglichkeiten und einen zuweilen sorglosen Umgang mit eigenen und fremden Daten ist es heute sehr einfach geworden, persönliche Daten Dritter zu bekommen und zu missbrauchen. Dazu kommt, dass immer mehr Menschen in zig Clubs und bei zig Onlinehändlern registriert sind und immer häufiger bei Hackerangriffen Daten gestohlen werden. Mittlerweile gibt es im Internet regelrechte Börsen und Foren, in denen persönliche Daten, Kennwörter und Kreditkartendaten gehandelt werden. Dazu kommt die relativ einfache Möglichkeit, Ausweise zu fälschen oder gestohlene oder gefundene Ausweise zu verfälschen.

Bei SCHUFA-Ident Safe handelt es sich um ein neues Produkt der SCHUFA, das sich an Privatpersonen richtet und die Möglichkeit bietet, sich selbst vor Identitätsdiebstahl und Identitätsmissbrauch zu schützen. Dabei handelt es sich um ein kostenpflichtiges Produkt, mit einer Mindestlaufzeit von einem Jahr. Die Kosten betragen EUR 39,90 inkl. MwSt. / Jahr. SCHUFA-IdentSafe beinhaltet eine Reihe von Produkten bzw. Servicemerkmalen, die im Folgenden kurz erläutern werde.

Wenn Sie das Produkt bestellen, bekommen Sie, sofern Sie bereits SCHUFA Kunde sind, in Ihrem Onlinezugang unter www.meineSCHUFA.de zunächst eine entsprechende Erweiterung auf meine SCHUFA plus. Zusätzlich bekommen Sie per Post ein Päckchen mit einem auf Ihre Person codierten Schlüsselanhänger und einige zusätzliche Informationen rund um das Produkt.

[75] Das Produkt SCHUFA-Ident Safe wurde während der Erstellung dieses Buches umbenannt auf meine SCHUFA plus.

MEINE SCHUFA PLUS:. In dieser Verpackung wird das Produkt „meine SCHUFA plus“ ehemals SCHUFA-Ident Safe, ausgeliefert.

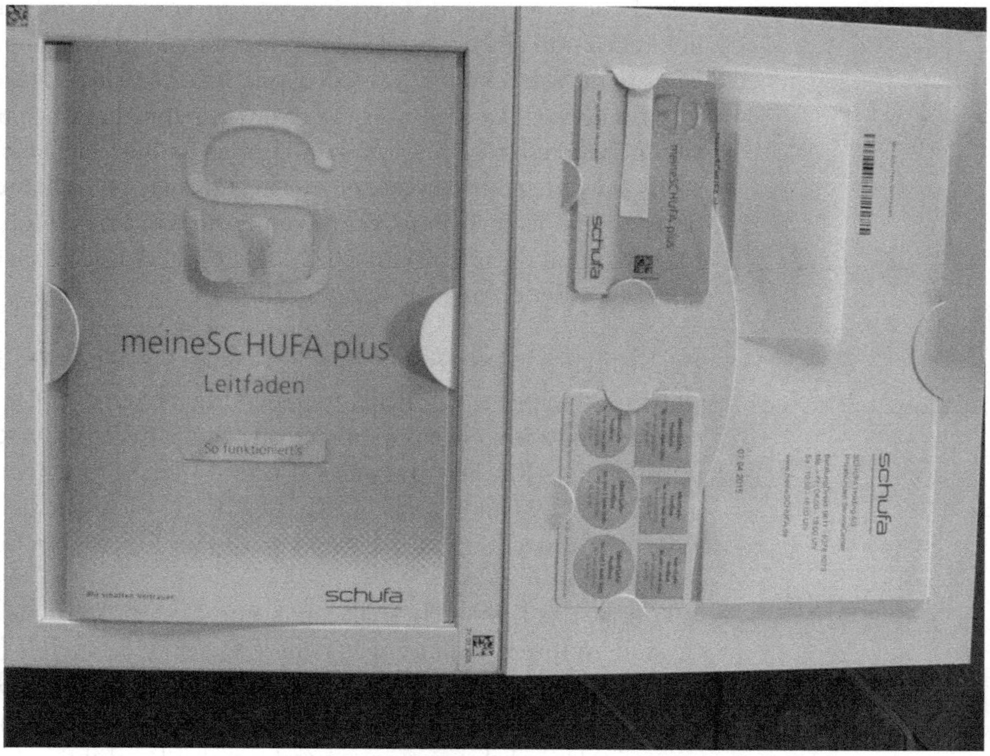

MEINE SCHUFA PLUS 02:. In der Lieferung finden Sie zunächst einen kurzen Leitfaden, eine Karte im Scheckkartenformat mit allen wichtigen Kontaktinformationen und einige Aufkleber mit der Nummer der Hotline.

MEINE SCHUFA PLUS 03:. Unter der Broschüre finden Sie Ihren Schlüsselanhänger mit Ihrer individuellen Kennung.

Jeder, der einen Schlüssel mit so einem Anhänger findet, kann diesen Schlüssel einfach in den nächsten Postbriefkasten werfen. Der Schlüssel wird dann automatisch an die SCHUFA geschickt, dort an Hand der Identnummer dem rechtmäßigen Besitzer zugeordnet von der SCHUFA per Einschreiben mit der Post an die letzte bekannte Anschrift zugestellt. Das funktioniert im Grunde ähnlich, wie bei einer so genannten Schlüsselversicherung.

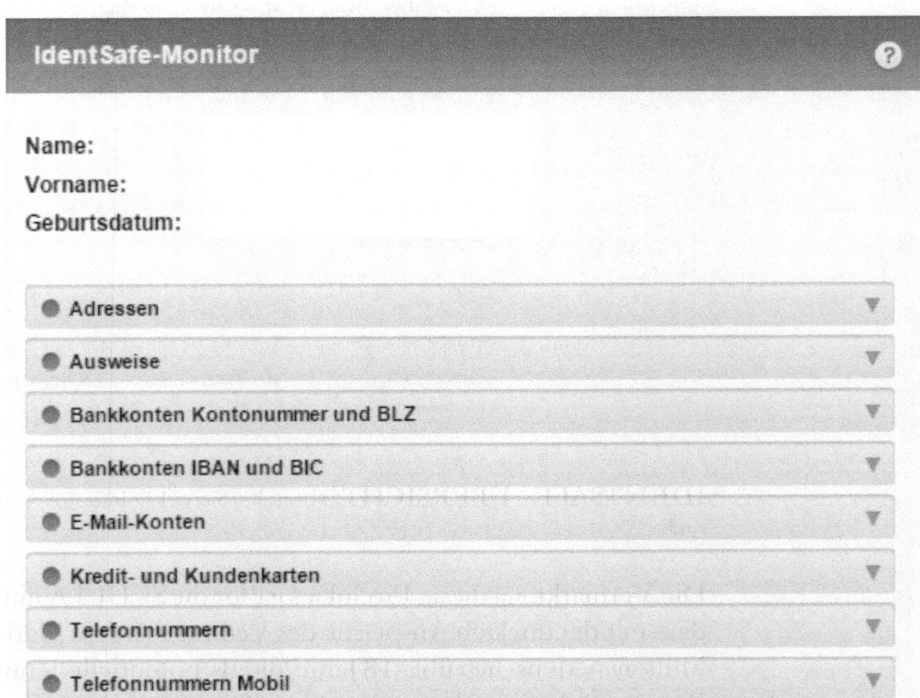

IDENTSAFE MONITOR:. Hier können Sie systematisch alle Daten und Dokumente erfassen, die für Sie überwacht werden sollen.

Allerdings ist die Erfassung umfangreicher Daten hier immer eine zweischneidige Sache. Die SCHUFA arbeitet natürlich intern mit allen Ihr zu Verfügung stehenden Informationen und lässt diese unter Umständen auch in die Bildung Ihrer Score-werte einfließen.

Neben dem Ident Safe Monitor gibt es eine Übersicht, in der Sie Zugriff auf alle für Sie frei geschalteten Dienste und Daten haben.

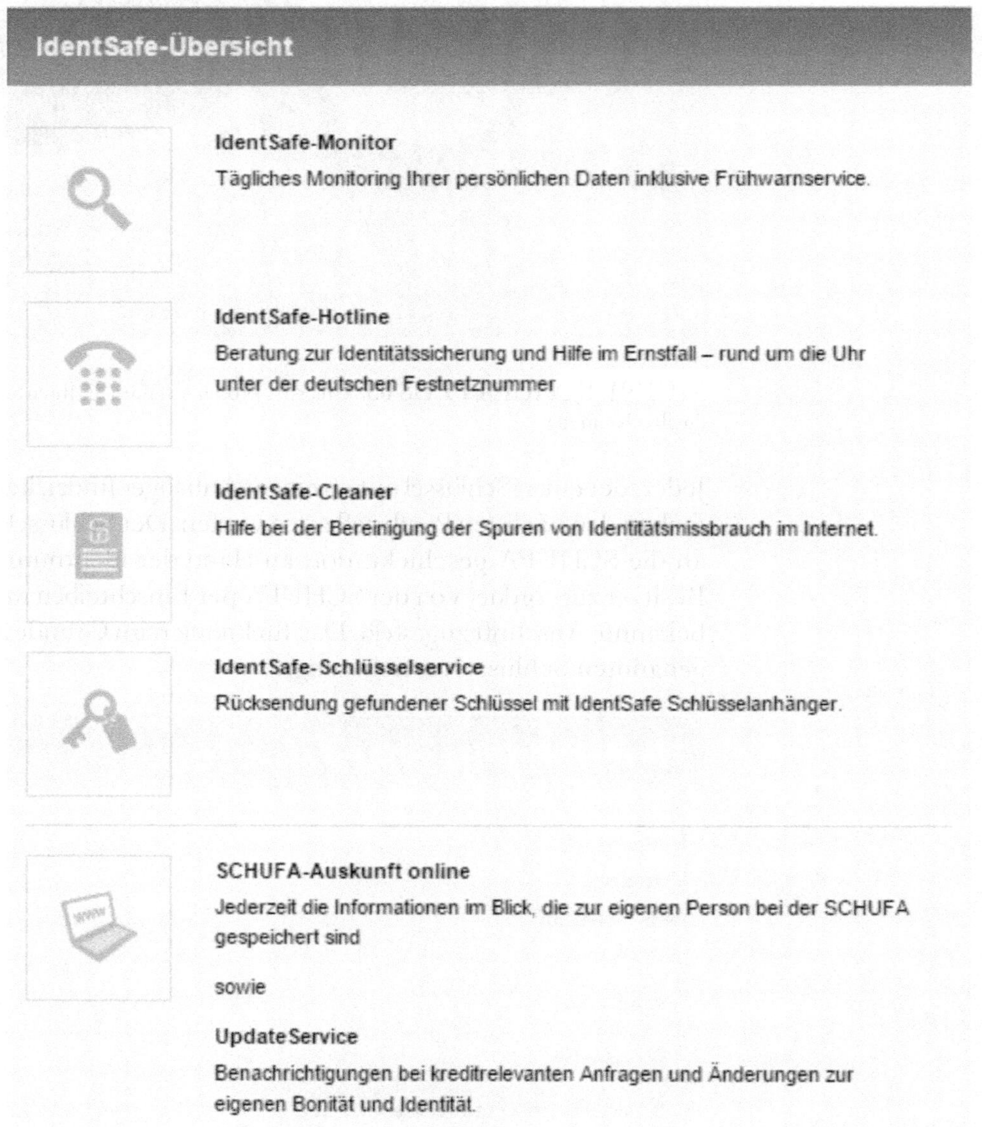

IDENTSAFE - ÜBERSICHT:. Hier sehen Sie, welche Informationen im Bereich Ident Safe verfügbar sind.

Die Vermarktung dieses Produktes ist für die SCHUFA einfach genial. Nicht nur, dass mit der direkten Ansprache des Verbrauchers ein Marktpotenzial von mehr 65 Millionen Menschen über 18 Jahre, die als potentielle Kunden in Frage kommen. Bei einer Jahresgebühr von knapp EUR 40,00 pro Vertrag sind in diesem Markt als noch sehr gute, zusätzliche Umsätze zu generieren.

Durch den Baustein Ident Safe wird der Kunde dazu aufgefordert, selbstständig eine Fülle zusätzlicher Informationen zu erfassen, die für einen Dienstleister, wie die SCHUFA bares Geld wert sind. Denn diese zusätzlichen Informationen erleichtern der SCHUFA nicht nur eine exaktere Ermittlung einer Person, im Falle einer weiteren Vermarktung stellen diese Informationen einiges an Wert da[76].

Und durch die Erfassung aller zu überwachenden Informationen durch den Kunden, spart die SCHUFA auch noch eine Menge Zeit, Geld und Ressourcen für die Aufnahme und die laufende Pflege der Daten.

Nachdem die SCHUFA laut Ihren AGBs ohnehin nur in kostenlos und frei zugänglichen Bereichen des Internets sucht, ist dieser Dienst in erster Linie für Personen interessant, die sich im Internet nicht zuhause fühlen und selbst Schwierigkeiten damit haben, eine Suchmaschine optimal zu bedienen.

Jeder, der eine gewisse Affinität zur Computerwelt hat, kann selbst nach den DATEN suchen und bei Datenmissbrauch den jeweiligen Betreiber der Internetseite dazu auffordern, die Daten zu löschen[77].

Fragen zur Vertiefung

☺ **Testen Sie Ihr Wissen**

1) Welche SCHUFA Produkte für Privatpersonen kennen Sie?
2) Was verbirgt sich hinter dem Begriff: Ident Safe?
3) Wozu dient der Schlüsselanhänger, den die SCHUFA mit Ihrem Produkt „meine SCHUFA plus“ verschickt?

[76] Selbst wenn ein Verkauf der Daten durch die aktuellen Geschäftsbedingungen ausgeschlossen wäre, AGBs können jederzeit geändert werden und die wenigsten würden wegen einer Änderung der AGBs wirklich den Vertrag kündigen. Wie schnell die Menschen vergessen hat wohl am eindrucksvollsten die Übernahme des Anbieters für mobile Nachrichten aufs Handy, Whatsapp durch Facebook gezeigt. Der Aufschrei war zunächst riesig und die Zahl derer, die den Dienst wirklich gekündigt haben, blieb im überschaubaren Rahmen.

[77] Fairer Weise muss an dieser Stelle gesagt werden, dass eine Aufforderung der SCHUFA gegenüber einem Betreiber einer Internetseite dann doch noch größeres Gewicht hat, als die Anfrage einer Privatperson.

Kapitel

9

Der Fluch der SCHUFA?

Hypothesen über die Möglichkeiten der SCHUFA und die damit verbundene Problematik.

Bei den folgenden Ausführungen möchte Ihnen einmal vor Augen führen, was mit dem Datenbestand der SCHUFA alles möglich ist und warum Sie als Privatperson in der Regel wenig Möglichkeiten haben, wirkliche Transparenz zu erhalten[78]. Um selbst ein Gefühl für diese Möglichkeiten zu bekommen, stellen Sie sich selbst einmal folgende Frage:

Sie arbeiten seit Jahren in einer Firma und haben ein sehr gutes Verhältnis zu Ihrem Chef. Ihr Chef ist, laut seiner eigenen Aussage, glücklich verheiratet und hat zwei Kinder. Eines Tages gehen Sie nach der Arbeit auf eine after work party und zufällig entdecken Sie Ihren Chef auf der Tanzfläche, leidenschaftlich schmusend mit einer anderen Frau. Ihr Chef selbst hat Sie nicht bemerkt und unauffällig und unbemerkt verlassen Sie das Lokal.

Unabhängig davon, ob Sie seiner Frau etwas davon erzählen oder Ihren Chef damit konfrontieren, was hat sich an ihrem Bild über Ihren Chef geändert? Sind Sie der Meinung, dass diese Information Ihre Aussage über Ihren Chef beeinflussen würde? Im nächsten Schritt werden Sie in der Arbeit aufgefordert, im Rahmen von Personalgesprächen eine Beurteilung über Ihren Chef abzugeben. Glauben Sie, dass dieses Erlebnis auf der after work party Ihr Urteil beeinflussen wird?

🗁 **Wichtig**

Unabhängig davon, wie Sie an eine Information über eine bestimmte Person kommen, ob legal, direkt, zufällig oder illegal, alle Informationen, die Sie bekommen, beeinflussen das Bild über diese Person, egal ob bewusst oder unbewusst. Unser Verstand ist so erzogen, dass er in Bruchteilen von Sekunden ein Urteil fällt.

Ähnlich ist es bei der Speicherung von Daten. Alle verfügbaren Informationen werden an irgendeiner Stelle für eine Beurteilung herangezogen.... Irgendwann.... Von irgendjemandem....

Das ist der Grund, warum es offiziell einen Datenschutz und gesetzliche Regeln gibt, wie mit der Speicherung von Daten umzugehen ist. Dabei gibt es in der Praxis nur ein Problem: Wer ist überhaupt in der Lage, zu kontrollieren, wer wann wo welche Daten über wen speichert?

---

[78] Bitte beachten Sie, dass es sich dabei um einen rein hypothetischen Fall handelt.

Überwachung des Arbeitgebers von Bankkunden

Stellen Sie sich folgendes Szenario vor: Sie sind glücklich verheiratet, haben Ihre Frau in derselben Firma kennengelernt und arbeiten dort seit 20 Jahren. Sie haben 2 Kinder und vor 5 Jahren haben Sie gebaut und für den Hausbau ein hohes Darlehen aufgenommen, obwohl die Zinsen nicht günstig waren. Ihre Frau hat nach der Kinderpause wieder als Teilzeitkraft in derselben Firma angefangen. Sie gehen zur Bank und fragen erneut eine Finanzierung an, weil die Zinsbindung für Ihr Darlehen ausgelaufen ist. Weil Sie damals schon auf fallende Zinsen spekuliert haben, haben Sie das Darlehen nur für 5 Jahre aufgenommen und wollten danach eine neue, günstigere Finanzierung machen.

Als Sie zu Ihrer Bank gehen und wegen einer Umschuldung bzw. wegen einer Anschlussfinanzierung nachfragen, erhalten Sie die Information, dass die Bank Ihnen leider kein neues Darlehen mehr zur Verfügung stellen kann und Sie werden gebeten, das bisherige Darlehen zum Ablauf in voller Höhe zurückzuzahlen.

Was war passiert? Ihr Arbeitgeber ist in finanzielle Schwierigkeiten geraten. In der SCHUFA wurde gemeldet, dass fällige Zahlungen trotz Mahnverfahren nicht beglichen werden. Weil Ihre Bank bei der SCHUFA das Monitoring für die Arbeitgeber Ihrer Kunden in Anspruch nimmt, wurde die Bank automatisch über die Schieflage Ihres Arbeitgebers informiert und hat Ihre Scorewerte entsprechend heruntergestuft. D.h. Ihre Bonität ist schlechter geworden und Sie wissen nicht warum, denn Sie selbst haben von den finanziellen Problemen Ihres Arbeitgebers bislang nichts mitgekommen.

Sie können das Darlehen nicht bedienen und Ihr Haus wird zwangsversteigert. 5 Monate später meldet Ihr Arbeitgeber Insolvenz an und Sie verlieren Ihren Job. Obwohl Sie auf Grund Ihrer sehr guten Qualifikation innerhalb von 4 Wochen einen neuen Job finden, ist Ihr Haus weg. Und das nur, weil durch Umstände, die Sie selbst nicht zu vertreten haben, ja von denen Sie nicht einmal wussten, und auch nicht wussten, dass andere davon wussten, Ihr Leben auf Grund eines Scoring Wertes auf den Kopf gestellt haben.

In der Praxis kann so etwas natürlich nicht passieren, denn laut eigener Auskunft der SCHUFA speichert sie ja keinerlei Informationen über die Arbeitgeber von Privatpersonen. D.h. die SCHUFA wäre ja gar nicht in der Lage, einer Bank solch eine Dienstleistung anzubieten.[79]

---

[79] In der Praxis ist die SCHUFA laut dem eingangs zitierten BGH Urteil nicht verpflichtet, die Berechnung Ihrer Scorewerte offenzulegen. Damit stellt sich die Frage, wie Sie als Betroffener, der die Beweislast hat, so einen Fall beweisen wollten. Selbst wenn Sie Klage einreichen würden, wie wollen Sie an die entsprechenden Informationen herankommen? Und selbst wenn Sie die Informationen hätten, wie wollten Sie das beweisen? Glauben Sie ernsthaft, Sie würden Mitarbeiter einer Bank oder der Schufa finden, die gegen Ihren eigenen Arbeitgeber aussagen und damit Ihren eigenen Job riskieren würden? Oder glauben Sie nicht viel eher, man würde das ganze Thema einfach als „Verschwörungstheoie" abtun und die Akte schließen?

Das Risiko der Verwechslung

Zu Verwechslungen von Daten kann es kommen, wenn beispielsweise Mutter und Tochter oder Vater und Sohn denselben Vor- und Familiennamen haben und bei der Abfrage das Geburtsdatum nicht geprüft wurde. Das liegt daran, dass in der Sterbedatenbank der Bestatter, die ein Zeit lang zur Ermittlung von Verstorbenen herangezogen wurde, das Geburtsdatum nicht gespeichert ist. Aktuell verfügt die SCHUFA über eine eigene Sterbedatenbank, die von den Partnern der SCHUFA durch Ihre Rückmeldungen gepflegt wird.

Darüber hinaus gibt es in Deutschland ca. 100.000 Personen, die denselben Vor- und Familiennamen und dasselbe Geburtsdatum haben. Wenn es dann auch noch Überschneidungen mit dem Wohnort gibt, kommt es schon mal zu einer Verwechslung. Oder wenn 2 Personen mit demselben Familiennamen in demselben Haus wohnen. Es gibt ja nicht nur Ein- und Mehrfamilienhäuser, sondern auch Wohnblocks mit bis zu 400 verschiedenen Parteien.

Zu Verwechslungen kann es auch durch falsche Schreibweise kommen, insbesondere bei ausländischen Namen, bei denen Aussprache und Schreibweise zum Teil deutlich voneinander abweichen.

Der Fluch einer schlechten Beurteilung

Je schlechter die Beurteilung durch die SCHUFA ausfällt, desto drastische sind die Auswirkungen. Anfangs, wenn der Score sinkt, steigen lediglich die Kosten für neue Kredite. Ist erst einmal eine gewisse Grenze unterschritten (die von Bank zu Bank unterschiedlich ist), werden gar keine Kredite mehr genehmigt oder die Auflagen und Kosten sind so hoch, dass es nicht mehr tragbar ist.

Dazu kommt, dass Sie eine Reihe von kostengünstigen Angeboten, wie z.B. ein kostenloses Girokonto oder ein attraktives Mobilfunkangebot inkl. Handy auf Grund einer schlechten Bonität nicht mehr nutzen können.

Anfangs geht es noch schleichend, wenn dann von der Bank die Aussage kommt: Wir würden Ihnen den Kredit gerne gewähren, aber wir benötigen zusätzliche Sicherheiten. Da kommt dann die Frage nach Lebensversicherungen, dinglichen Sicherheiten, wie Grundschuld oder Hypothek auf eine Immobilie oder die Frage nach einem Bürgen[80]. Insbesondere bei einer selbstschuldnerischen Bürgschaft gehen Sie als Bürge ein sehr hohes, unkalkulierbares Risiko ein. Sie können dann vom Gläubiger direkt in Anspruch genommen werden.[81]

---

[80] „Wer bürgt, wird gewürgt“ sagt eine Redensart und da ist was dran. Sie sollten grundsätzlich nicht für andere bürgen, sprich den Kopf hinhalten. Schon so manch einer musste Insolvenz anmelden, nur weil er für einen anderen gebürgt hat und aus dieser Bürgschaft in Anspruch genommen wurde.

[81] *selbstschuldnerische Bürgschaft*: Der Bürge hat gemäß §773 Abs. 1 Nr. 1 BGB auf die Einrede der Vorausklage verzichtet. Das bedeutet, dass der Sicherungsnehmer auf den Bürgen zugreifen kann, ohne zunächst die Zwangsvollstreckung gegen den Hauptschuldner versuchen zu müssen. Der Bürge haftet somit wie der Hauptschuldner.

Rutscht der Score noch weiter ab, erhalten Sie nicht nur kein Darlehen mehr, sondern die meisten Banken verweigern bereits die Kontoeröffnung[82]. Einen Kontrahierungszwang gibt es aktuell bereits für die Sparkassen, d.h. eine Sparkasse an Ihrem Wohnort ist gesetzlich verpflichtet, Ihnen ein Girokonto zu eröffnen.

Aktuell steigt die Zahl derer, die trotz Job, also geregeltem Einkommen, nicht mehr in der Lage sind, Ihren finanziellen Verpflichtungen fristgerecht nachzukommen. Dazu kommt dann oft noch der Verlust des Jobs[83] und schon ist man mitten in einem Strudel, aus dem es oft ohne fremde Hilfe nur sehr schwierig wieder raus geht.

[82] **Inzwischen fordert die Europäische Union (EU) das generelle Recht auf ein Konto für Jedermann ein**, für die endgültige Umsetzung in nationales Recht haben die Mitgliedsstaaten jedoch bis 2016 Zeit. In Deutschland existiert eine Selbstverpflichtung der Banken, jedem Einwohner auf Antrag ein auf Guthabenbasis zu führendes Bankkonto einzurichten. Die Umsetzung dieser Verpflichtung erfolgt jedoch nicht flächendeckend. Die Forderung der Europäischen Union bezieht sich dem Wortlaut nach ausschließlich auf die Kontoeröffnung durch EU-Bürger, sodass die Kontoverweigerung gegenüber Staatsangehörigen von Drittstaaten weiterhin möglich bleibt.

[83] Alleine die Deutsche Bank will in 2016 mehr als 23.000 Stellen abbauen.

Die Beweislast des Betroffenen

Letztens hat mir eine Bekannte, die selbst lange Jahre bei der SCHUFA in den Bereichen Datenerfassung und Auskunft tätig war, eine Geschichte erzählt, die Sie selbst erlebt hat und die Sie bis heute nicht fassen kann.

Dazu muss ich vorschieben, meine Bekannte, nennen wir Sie der Einfachheit halber Nettie, ist zum zweiten Mal verheiratet, mit einem Mann, der 3 Töchter hat. Nettie selbst hat einen tadellosen Leumund und eine mustergültige Bonität. Sie reist gerne, besonders nach Asien und hat, weil es heute kaum noch anders geht, eine Kreditkarte auf Ihren Namen, die Sie in aller Regel nur für Ihre Urlaube nutzt.

Als Nettie wieder einmal von einer Urlaubsreise zurückkommt, findet Sie in Ihrem Briefkasten ein Schreiben von Ihrer Kreditkartengesellschaft, dass Ihre Kreditkarte gesperrt wurde. Auf Nachfrage bei Ihrer Kreditkartengesellschaft erfährt Sie, dass Ihre Karte auf Grund eines negativen Eintrags bei der SCHUFA gesperrt wurde.

Auf Nachfrage bei der SCHUFA teilte man Ihr mit, es gebe da eine Meldung eines Inkassoinstituts wegen einer nicht bezahlten Rechnung. Auf Nachfrage bei dem Inkassoinstitut teilte man Ihr nach einigem hin und her und nachdem Sie mit einem Anwalt drohte mit, dass Sie bei einem Versandhandel Gartenmöbel bestellt und nicht bezahlt hätte. Nun hat aber Nettie weder einen Garten, noch hat Sie jemals bei besagtem Versandhandel Gartenmöbel bestellt.

Was also war passiert? Nach einer lebhaften Diskussion mit Ihrem Mann und anschließenden Recherchen stellte sich heraus, dass es ein schwarzes Schaf in der Familie gab. Eine der Töchter Ihres Mannes hatte die Daten von Nettie benutzt, um bei dem besagten Versandhandel auf Netties Namen Gartenmöbel zu bestellen und die Rechnung nie bezahlt. Es wurde Anzeige erstattet. Die Tochter ist pleite und, wie sich herausstellte, bereits einschlägig Polizei bekannt.

Nettie informierte das Inkassounternehmen. Das Inkassounternehmen meldete sich zurück, man habe den Eintrag bei der SCHUFA korrigiert. Doch die Kreditkarte war noch immer gesperrt. Man teilte Nettie mit, der Eintrag bei der SCHUFA sei noch immer offen und deshalb könne man Ihre Kreditkarte nicht freigeben. Eine erneute Rückfrage bei der SCHUFA brachte nur die Rückmeldung, man könne den Eintrag nicht löschen. Da platzte Nettie der Kragen und schaltete einen Anwalt ein. Es dauerte eine Weile aber endlich wurde der Eintrag gelöscht. Einige Zeit später kam von der SCHUFA eine Rechnung über Gerichtskosten wegen Netties Widerspruch gegen den Eintrag. Da sah Nettie rot. Man wollte Geld von Ihr für die Korrektur eines Eintrags, der von Ihr gar nicht verursacht worden war. Das konnte ja wohl nicht wahr sein. Sie klagte Ihrem Anwalt Ihr Leid. Der kümmerte sich und schließlich wurde das Thema ohne weitere Kosten für Nettie abgeschlossen.

Wenn Sie einmal in einer ähnlichen Situation sind, wie Nettie, können Sie alternativ vor dem Gang zum Anwalt den Ombudsmann der SCHUFA, den Sie ja bereits im Kapitel „Gesichter der SCHUFA“ kennengelernt haben, bemühen. Ob es dann schneller geht, als mit einem Anwalt, kann ich leider nicht beurteilen. Zumindest kostet es kein Geld.

Unter Umständen finden Sie in einigen Fällen auch Unterstützung beim Verbraucherschutz[84].

Fragen zur Vertiefung

☺ Testen Sie Ihr Wissen

1) Was für Probleme bringt die Beweislast des Betroffenen bei fehlerhaften Einträgen bei der SCHUFA mit sich?

2) Welchen Vorteil hat ein Gang zum Ombudsmann der SCHUFA?

Praktische Übungen

Tastaturübungen

1) Vergleichen Sie die Datenbank der SCHUFA mit einem alten Schloss mit Falltüren und Geheimgängen und einem großen Park mit Labyrinth. Wo liegt in Ihren Augen die Problematik bei der Überwachung?

84 https://www.verbraucherzentrale.de/home

Kapitel

10

Datenschutz

Der Datenschutz wird aktuell auf Bundes-, Landes- und EU-Ebene weiterentwickelt und verändert.

Zum Thema Datenschutz möchte ich vorweg sagen, dass die SCHUFA Auskunft über Privatpersonen in der Regel nur dann erteilt, wenn ein „berechtigtes Interesse“ vorliegt.

In Deutschland liegt die Hoheit beim Datenschutz bei den Ländern, d.h. soweit nicht durch bundeseinheitliche Gesetze geregelt, sind die Länder für alle Entscheidungen in Sachen Datenschutz eigenverantwortlich. Das erklärt, warum in einzelnen Bundesländern datenschutzrechtliche Belange unterschiedlich gehandhabt werden.

Impulse zu Änderungen im Bereich des Datenschutz kommen aktuell von Europäischen Gerichtshof. Der bemüht sich darum, zu prüfen, in wie weit europäische Richtlinien im Bereich des Datenschutz in nationales Recht umgesetzt werden.

Grundsätzlich ist es Aufgabe vom Datenschutz, die Grundrechte des Einzelnen Individuums zu schützen und durch klare Richtlinien und Vorgaben dafür zu sorgen, dass sich die Sammelwut von Daten auf ein Minimum beschränkt.

Dabei gibt es auf Bundes- und Länderebene entsprechende Vorgaben und Institutionen, die für die Überwachung der Einhaltung dieser Vorgaben zuständig sind.

Im Folgenden habe ich mich bemüht, aus unterschiedlichen Perspektiven einen kleinen Einblick in die entsprechenden Vorschriften und Zuständigkeiten zu geben.

Vorangestellt dabei steht die Kernfrage: Wer darf überhaupt Auskunft verlangen und welche Voraussetzungen müssen dafür gegeben sein. Dabei geht es um die Frage nach dem so genannten „Berechtigten Interesse“.

Berechtigtes Interesse (im Sinne des BDSG[85])

Um die Definitionen und Informationen nicht zu einseitig zu halten, zitiere ich an dieser Stelle die Definition, die die Firma Bürgel Wirtschaftsinformationen auf Ihrer Internetseite und FAQ (Frequently asked questions = häufig gestellte Fragen) veröffentlicht hat[86]:

Gemäß § 29 Abs. 2 Bundesdatenschutzgesetz (BDSG) ist die Übermittlung personenbezogener Daten nur zulässig, wenn der Empfänger der Daten ein berechtigtes Interesse an ihrer Kenntnis glaubhaft dargelegt hat und kein Grund zu der Annahme besteht, dass der Betroffene ein schutzwürdiges Interesse am Ausschluss der Übermittlung hat.

Was ist ein „berechtigtes Interesse“?

Gemäß Bundesdatenschutzgesetz (BDSG) muss stets ein berechtigtes Interesse am Empfang einer Auskunft bestehen. Vor jedem Auskunftsbezug ist das berechtigte Interesse vom Datenempfänger anzugeben und wird von Bürgel regelmäßig überprüft. Bürgel kennt folgende vier Anfragegründe, die den anfragenden Kunden den Auskunftsbezug erlauben: Kreditanfrage, Bonitätsprüfung, Geschäftsanbahnung, Forderung.

„Kreditanfrage“ Anwendungsbereiche:

- Im Neu- und/oder Bestandskundengeschäft bei Kreditentscheidung (beantragter Kredit)Bestimmung von Kreditlimits
- Erbringung einer Vorleistung

„Bonitätsprüfung“ Anwendungsbereiche:

- Bei bestehender Geschäftsverbindung: Konkreter Vertragsabschluss im Bestandskundengeschäft
- Hinweise auf Veränderung der wirtschaftlichen Situation beim Vertragspartner oder Erweiterung der Geschäftsbeziehung
- Überprüfung der Schuldnerbonität

„Geschäftsanbahnung“ Anwendungsbereiche:

- Beabsichtigte oder konkret bevorstehende Geschäftsbeziehung, insbesondere bei Lieferung auf Rechnung oder Ratenzahlungskauf (Neukundengeschäft)
- Ist der Vertragspartner finanziell in der Lage, die Verpflichtungen aus dem bevorstehenden Geschäft zu bedienen

---

[85] Bundesdatenschutzgesetz

[86] https://www.buergel.de/de/faq/berechtigtes-interesse-im-sinne-des-bdsg vom 05.12.2014

„Forderung" Anwendungsbereiche:

- Forderungseinzug: Einschätzung der Wahrscheinlichkeit, ob eine Forderung realisiert werden kann
- Zur Vorbereitung von Inkasso-/Mahnverfahren, Zwangsvollstreckungsmaßnahmen gegenüber dem Schuldner

.

Hoheit der Länder

Datenschutzbeauftragte der Länder

Der Landesbeauftragte für den Datenschutz (LfD) ist der Datenschutzbeauftragte eines deutschen Bundeslandes. Er ist damit betraut, die öffentlichen Stellen des Landes in Fragen des Datenschutzes zu überprüfen und zu beraten. Dazu zählen z.B. Behörden der Länder, Gemeinden, Gemeindeverbände sowie Hochschulen, Industrie- und Handelskammern.

In den meisten Bundesländern ist er zugleich die zuständige Aufsichtsbehörde nach § 38 Abs. 6 BDSG über sog. nicht-öffentliche Stellen. Darunter sind insbesondere Wirtschaftsunternehmen, Vereine, Verbände und Parteien zu verstehen. Datenschutzanfragen und -beschwerden im Zusammenhang mit solchen nicht-öffentlichen Stellen sind daher an die jeweils zuständige Aufsichtsbehörde zu richten.

Hier eine Übersicht zu den Landesdatenschutzbeauftragten/Aufsichtsbehörden[87]:

- Baden-Württemberg | Telefon: 0711 / 615 541 0
- Bayern | Telefon: 089 / 212 672 0
- Berlin | Telefon: 030 / 138 890
- Bremen | Telefon: 0471 / 596 180 04
- Brandenburg | Telefon: 033203 / 356 0
- Hamburg | Telefon: 040 / 428 544 040
- Hessen | Telefon: 0611 / 140 80
- Mecklenburg-Vorpommern | Telefon: 0385 / 594 940
- Niedersachsen | Telefon: 0511 / 120 450 0
- Nordrhein-Westfalen | Telefon: 0211 / 384 240

[87] Quelle: www.datenschutzbeauftragter-info.de/datenschutzbeauftragte-von-bund-und-laendern/ v. 11.11.2014

- Rheinland-Pfalz | Telefon: 06131 / 208 244 9
- Saarland | Telefon: 0681 / 947 810
- Sachsen | Telefon: 0351 / 493 540 1
- Sachsen-Anhalt | Telefon: 0391 / 818 030
- Schleswig-Holstein | Telefon: 0431 / 988 120 0
- Thüringen | Telefon: 0361 / 377 190 0

Das neue EU-Recht

„Die Richtlinie 95/46/EG zum Schutz natürlicher Personen bei der Verarbeitung personenbezogener Daten und zum freien Datenverkehr ist eine 1995 erlassene Richtlinie der Europäischen Gemeinschaft zum Schutz der Privatsphäre von natürlichen Personen bei der Verarbeitung von personenbezogenen Daten. Sie soll in den nächsten Jahren durch die Datenschutz-Grundverordnung abgelöst werden.

Die Richtlinie beschreibt Mindeststandards für den Datenschutz, die in allen Mitgliedstaaten der Europäischen Union durch nationale Gesetze sichergestellt werden müssen. Ausgenommen von der Anwendung sind lediglich die ausdrücklich in Art. 3 Abs. 2 der Richtlinie genannten Bereiche betreffend die zweite und dritte Säule der Europäischen Union, also der gemeinsamen Außen- und Sicherheitspolitik (GASP) und der polizeilichen und justiziellen Zusammenarbeit in Strafsachen (PJZS).

Die Richtlinie verbietet in der Regel die Verarbeitung sensibler personenbezogener Daten. Es sind jedoch Ausnahmen von diesem Verbot vorgesehen, etwa wenn die betroffene Person ausdrücklich in die Verarbeitung der genannten Daten eingewilligt hat oder die Verarbeitung erforderlich ist, „um den Rechten und Pflichten des für die Verarbeitung Verantwortlichen auf dem Gebiet des Arbeitsrechts Rechnung zu tragen". Zudem sieht die Richtlinie vor, dass die Mitgliedstaaten vorbehaltlich angemessener Garantien, aus Gründen eines wichtigen öffentlichen Interesses, Ausnahmen vorsehen können."

Nach wie vor rügt der Europäische Gerichtshof (EuGH) dass die europäische Datenschutzrichtlinie in Deutschland nicht korrekt umgesetzt wurde.

Der neue, von der EU geplante und bereits 2012 im Entwurf veröffentlichte europäische Datenschutz-Grundverordnung (DSGVO) wird in Deutschland nach wie vor sehr gegensätzlich diskutiert.

Man darf gespannt sein, wie lange es noch dauern wird, bis die endgültige Verordnung beschlossen wird.

Sollte die Neuregelung tatsächlich als Verordnung kommen, hätte Sie unmittelbare rechtliche Gültigkeit in Deutschland. Auf Grund fehlender Ausgestaltung in für deutsches Recht wichtigen Punkten würde sich damit ein Deutschland in einigen

Bereichen eine gewisse Rechtsunsicherheit ergeben. Leider war zum Zeitpunkt der Veröffentlichung dieses Buches noch keine endgültige Fassung verfügbar.

EU Datenschutzgrundverordnung
Aktuell plant die EU, den Datenschutz europaweit zu vereinheitlichen. Im Sommer 2015 kam endlich Bewegung. Der aktuelle Stand der Verhandlungen und der weitere Zeitplan spiegeln sich in dem folgenden Artikel[88] wider:

EU-Minister einigen sich auf Datenschutzreform

28 Staaten, 28 Datenschutzgesetze. Seit drei Jahren ringen die EU-Staaten um eine einheitliche neue Datenschutzrichtlinie. Nun liegt der Entwurf vor.
Die 28 EU-Staaten wollen Internetnutzern künftig einen besseren Schutz ihrer persönlichen Daten garantieren und Unternehmen einen einheitlichen Rechtsrahmen in Europa bieten. Die Datenschutzreform wird seit drei Jahren diskutiert, nun scheinen sich die Justizminister der EU-Staaten geeinigt zu haben. Damit kann nun der Trilog beginnen, in dem die endgültige Fassung zwischen Ministerrat, Kommission und EU-Parlament abgestimmt wird.

"Die Reform wird für Klarheit und ein hohes Schutzniveau sorgen", sagte EU-Justizkommissarin Vera Jourova. Hohe Datenschutzstandards würden das Vertrauen der Verbraucher in digitale Angebote erhöhen. "Und Unternehmen werden von einheitlichen Regeln in 28 Ländern profitieren." Jourova zeigte sich überzeugt, dass nun im Trilog mit Rat und Parlament eine abschließende Einigung "bis zum Jahresende" gefunden werden könne.

Das "Recht auf Vergessen", also dass Bürger personenbezogene Daten im Web löschen lassen können, soll zu den wesentlichen Punkten der dann für alle Mitgliedstaaten verbindlich geltenden Verordnung gehören. Nutzer müssen auch der Weiterverarbeitung ihrer Daten ausdrücklich zustimmen.
Auch europäische Unternehmen mit Sitz in den USA sind an das Datenschutzgesetz gebunden
Die Einigung zeige, "dass Europa funktioniert", und sei "ein ungeheurer Fortschritt" für die Verbraucher, sagte Bundesjustizminister Heiko Maas (SPD). Die Bürger würden künftig davon profitieren, dass überall in der EU dasselbe Recht angewandt werde. Bundesinnenminister Thomas de Maizière (CDU) zeigte sich zuversichtlich, dass bis Jahresende eine Einigung mit dem Europaparlament zu der Reform gefunden werden kann.

Die umfangreichen neuen Regeln werden die Datenschutzrichtlinie aus dem Jahre 1995 ersetzen, die als veraltet gilt. Der Trilog soll bereits am 24. Juni beginnen. Die Reform könnte aber frühestens zum Jahresende stehen und 2018 in Kraft treten. "Vor allem bei Verbraucherrechten und Unternehmenspflichten gehen die Vorschläge noch auseinander", sagte Jan Philipp Albrecht, Mitglied der Grünen und Berichterstatter des EU-Parlaments für die Reform.

Bisher gelten 28 unterschiedliche Systeme. Irland beispielsweise, wo unter anderem Facebook seinen Sitz hat, hat ein vergleichsweise schwaches Datenschutzniveau. Auch der Wirtschaft soll eine Angleichung der Richtlinien helfen. An die Neuregelung müssen sich nicht nur europäische Unternehmen halten,

[88] Quelle: Zeit Online, 15. Juni 2015

sondern auch solche, die ihren Sitz zum Beispiel in den USA haben. Bei Verstößen drohten hohe Strafen.

Parallel dazu gibt es in der EU auch Neuregelungen zum Thema Bankkonten.

Aktueller Ausschnitt aus einer Reportage von www.n-tv.de vom 27.10.2015:

Banken sollen künftig niemanden mehr abweisen dürfen, der bei ihnen ein einfaches Girokonto auf Guthabenbasis eröffnen will. Von einem entsprechenden Gesetzesvorhaben, den das Bundeskabinett an diesem Mittwoch beschließen will, profitieren vor allem Obdachlose sowie Asylbewerber und Ausländer, die mit einer Duldung in Deutschland leben. Der Gesetzentwurf soll spätestens zum 1. Juni 2016 in Kraft treten.

Sie waren bisher häufig als Kunden abgelehnt worden, weil sie entweder keinen festen Wohnsitz oder aber keine Ausweispapiere vorlegen konnten. In Zukunft sollen sie trotzdem bei einer Bank ihrer Wahl ein Konto eröffnen können. Einzige Voraussetzung für die Einrichtung des sogenannten Basiskontos ist, dass sie sich legal in der EU aufhalten. Der Inhaber des Basiskontos erhält eine Bankkarte und darf Geld überweisen. Er kann aber nicht sein Konto überziehen. Seit 1995 gibt es für die Einrichtung sogenannter Jedermann-Konten in Deutschland eine Selbstverpflichtung der Banken. Die Bundesregierung war mit der Umsetzung der freiwilligen Maßnahme aber nicht zufrieden. **Mit dem geplanten Gesetz zu den Regelungen für Girokonten werden zum Teil auch EU-Vorgaben umgesetzt**.

Fraglich ist, wie es sich auf die Datenbestände der SCHUFA auswirken wird, wenn Banken verpflichtet werden, Konten für Obdachlose und Asylanten zu eröffnen, da ja grundsätzlich jede Kontoeröffnung an die Schufa gemeldet wird. Dabei ist insbesondere bei Namensgleichheit die Adresse ein wichtiges Merkmal zur Identifikation einer Person.

© New Earth Publishing

Kapitel

11

Wege zur optimalen SCHUFA-Auskunft

Die Beachtung der folgenden Verhaltensweisen hilft Ihnen bei der Optimierung Ihrer eigenen SCHUFA-Auskunft bzw. der Ihrer Kinder.

Die Erfassung einer Privatperson bei der SCHUFA beginnt spätestens mit der Eröffnung eines Kontos, d.h. häufig schon deutlich vor dem 18. Geburtstag. Aus diesem Grund möchte ich Ihnen an dieser Stelle noch einige Tipps mit auf den Weg geben, wie Sie Ihre Kinder dabei unterstützen können, von klein auf Ihr Scoring bei der SCHUFA zu optimieren.

Wo die Vorteile eines guten Scoring bei der SCHUFA liegen?

- Keine Probleme beim Abschluss von Verträgen (Telefon, Handy, Versicherung, Bankkonto, Kreditkarte, Ratenkauf, Leasing,...)
- Häufig bessere Konditionen (niedrigere Abschlussgebühren und Zinsen)
- Vorzug als Mieter
- Vorzug als Geschäftspartner

Früh übt sich

Je früher Sie für Ihre Kinder ein eigenes Sparbuch und/oder ein eigenes Konto anlegen, desto früher erfolgt eine erste Meldung an die SCHUFA. Im Idealfall wird diese Bankverbindung dann ein Leben lang beibehalten. Aus diesem Grund empfehle ich Ihnen dafür eine sogenannte Filialbank zu wählen, die bundesweit über Filialen und Zweigstellen verfügt, so dass ein Wechsel auch im Falle eines Umzugs nicht erforderlich ist.

Überweisen Sie das Taschengeld für Ihr(e) Kind(er) auf ein Konto, so dass bereits sehr früh regelmäßige Zahlungseingänge vorhanden sind.

Achten Sie darauf, dass Ihre Kinder von klein auf lernen, eingegangene Verpflichtungen und Versprechen einzuhalten und ermuntern Sie Ihre Kinde, erkennbare Probleme und mögliche Verzögerungen frühzeitig und offen zu kommunizieren.

Es ist keine Schande, einen Kredit aufzunehmen. Wichtig ist, dass man in der Lage ist, die eingegangene Zahlungsverpflichtung auch einzuhalten und die Frage: wofür nehme ich einen Kredit auf.

Wenn ich beispielsweise einen Kredit aufnehme für eine Bildungsreise, meine Ausbildung oder um den Führerschein zu machen, dann spricht da nichts dagegen.

Wenn ich allerdings einen Kredit aufnehmen will, um einfach nur mehr ausgeben zu können, in der Hoffnung, dass ich ja später mal mehr verdiene und es dann leichter zurückzahlen kann, dann sollte ich es lassen. Dann besteht nicht nur die Gefahr, dass ich nie gelernt habe, mit meinem Geld zu haushalten, sondern auch die Gefahr, dass ich in die Schuldenfalle tappe und mir die Sache sehr schnell über den Kopf wächst.

So ist es zum Beispiel sehr hilfreich, mit Ihren Kindern bereits in frühem Alter mal ein Haushaltsbuch zu führen und Ihren Kindern beizubringen, zu rechnen und zu planen. So bekommen Ihre Kinder frühzeitig ein Gefühl für den richtigen Umgang mit Geld.

Parallel dazu sollten Sie Werte vermitteln. Es ist besser, auf Qualität zu achten, als ständig Geld für Schrott auszugeben. Das fängt bei der Kleidung und bei Möbeln an. Denn nur qualitativ hochwertige Sachen kann ich über einen längeren Zeitraum nutzen. Dann muss ich allerdings auch darauf achten, dass die Dinge zeitlos sind und ich darf nicht jeden modischen Trend mitmachen.

Kontinuität ist angesagt

Bei der Beurteilung der Bonität geht es um Kontinuität und Zuverlässigkeit. Planen Sie Ihr Leben strategisch und vermeiden Sie spontane und/oder häufige Wechsel, egal ob es dabei um den Wohnsitz, die Bankverbindung, den Arbeitgeber oder den Handyvertrag geht.

Oft reicht ein kleiner finanzieller Anreiz aus, um einen Menschen zu einem Wechsel zu bewegen. So wird zum Beispiel häufig das Handy gewechselt, nur, weil ein anderer Anbieter vielleicht EUR 5,00 pro Monat weniger für den Vertrag verlangt, als mein bisheriger. Was bei dem Vergleich in der Regel nicht berücksichtigt wird, ist der Aufwand, der mit einem Anbieterwechsel verbunden ist:

- Eine neue Handynummer
- Die Zeit, die erforderlich war, die unterschiedlichen Tarife miteinander zu vergleichen
- Die Arbeit, die ich habe, meine Kontakte auf die neue Telefonkarte zu übertragen
- Der Aufwand, meine neue Telefonnummer zu kommunizieren
- Der Verlust von Kontakten, die vergessen wurden

Und im Grunde macht sich niemand Gedanken über die Auswirkungen eines häufigen Wechsels auf die eigene Bonität, den eigenen Scorewert bei der SCHUFA.

Im Grunde ist es im Geschäftsleben sehr ähnlich, wie im privaten Bereich: will ich gut sein/werden, muss ich längere Zeit bei der Stange bleiben und mich systematisch weiterbilden und entwickeln.

So ist es auch bei meinen Hobbies. Wenn ich ein guter Musiker werden will, muss ich möglichst früh damit anfangen, ein Instrument zu spielen und regelmäßig üben.

Will ich ein Vermögen aufbauen, muss ich früh anfangen, zu sparen und Kapital aufzubauen.

Aus Sicht der SCHUFA ist es dem Score zuträglich, wenn Sie Kredite aufnehmen und korrekt und fristgerecht zurückzahlen. Denn nur so erhält die SCHUFA Informationen über Ihr Zahlungsverhalten. Also in der Praxis doch mal überlegen, ob man das Auto lieber least[89], als kauft, selbst wenn das Geld für die Bezahlung des kompletten Kaufpreises vorhanden ist. Leasing hat den zusätzlichen Vorteil, dass Sie das Auto nach Ablauf des Leasingzeitraums einfach zurückgeben und sich nicht um die Verwertung kümmern müssen.

[89] Mitunter kann es durch die günstigen Leasingkonditionen in Verbindung mit einer Sonderaktion beim Autohaus sein, dass das Leasing unter dem Strich auch nicht teurer ist, als ein Sofortkauf.

© New Earth Publishing

Die richtige Familienplanung

Leben Sie vor, was Sie von anderen erwarten.

Wenn Sie eine Familie gründen, bedeutet das in erster Linie, Verantwortung zu übernehmen: für sein eigenes Leben, für seine(n) Partner(in) und für seine Kinder.

Kinder in die Welt setzen, bedeutet lebenslänglich. Solange Sie nicht dazu bereit sind, für den Rest Ihres Lebens Verantwortung für andere Menschen zu übernehmen, sollten Sie darauf verzichten, Kinder in die Welt zu setzen[90].

Wichtig und häufig unterschätzt wird die Frage: Kann ich mir vorstellen, mit meinem Partner, mit meiner Partnerin, gemeinsam alt zu werden? Haben wir wirklich genügend Gemeinsamkeiten/Interessen, die uns ein Miteinander ermöglichen? Wie gut kenne ich mich selbst? Wie gut kenne ich meinen Partner, meine Partnerin?

Ist die Entscheidung für eine Familie gefallen, dann gilt es, achtsam zu sein und sich für die Familie zu engagieren. Dann gehört ein Großteil meiner Zeit meiner Familie.

Wichtig ist jetzt, seine Zeit sinnvoll zu nutzen, sich mit dem Partner abzustimmen, den Kindern gegenüber gemeinsam aufzutreten und eine klare Linie zu verfolgen. Kinder benötigen neben Wärme und Liebe auch klare Wertvorstellungen und klare Grenzen. Aber auch gegenseitigen Respekt. Wenn Sie eine Meinungsverschiedenheit haben, bleiben Sie sachlich. Gehen Sie liebevoll und respektvoll miteinander um, ganz besonders, wenn die Kinder dabei sind.

Haben Sie immer ein Ohr für Ihre Kinder, seien Sie da und ansprechbar. Behandeln Sie Ihre Kinder wie Partner, nicht wie Kinder.

Sorgen Sie dafür, dass Ihre Kinder die bestmögliche Ausbildung erhalten. Entscheiden Sie **gemeinsam mit** Ihren Kindern, nicht für Ihre Kinder.

Übertragen Sie Ihren Kinder frühzeitig Verantwortung und die Kontrolle über eigene Mittel, wie Taschengeld. Klären Sie Ihre Kinder frühzeitig darüber auf, dass sie ständig überwacht werden und das alles, was sie tun früher oder später wieder auf sie selbst zurückfällt. Reden Sie nicht nur, sondern seien Sie Vorbild.

Machen Sie mit Ihren Kindern regelmäßig Lebensplanung und planen Sie selbst über mehrere Generationen, denn dann treffen Sie auch nachhaltigere Entscheidungen.

Fangen Sie bei Zeiten an, Vermögen auf Ihre Kinder zu übertragen und bringen Sie Ihren Kindern einen verantwortungsvollen Umgang mit Geld und Vermögenswerten bei.

---

[90] Es gibt genügend Möglichkeiten, zu verhüten. Auch hier gilt: Es ist besser, sich im Vorfeld mit dem Thema auseinanderzusetzen, als hinterher zu jammern. Sie sind verantwortlich für Ihr Tun und Handeln, niemand sonst.

Regelmäßige Kontrolle

Nutzen Sie Ihre Möglichkeit, einmal pro Jahr Ihre aktuell bei der SCHUFA gespeicherten Daten kostenlos abzurufen. Prüfen Sie diese Informationen sorgfältig und lassen Sie bei Bedarf falsche und/oder fehlerhafte Einträge korrigieren.

Prüfen Sie laufend, welche Kosten und Verpflichtungen Sie haben. Führen Sie sporadisch ein Haushaltsbuch und eliminieren Sie regelmäßig unnötige und überflüssige Ausgaben und Kosten. Planen Sie, soweit möglich, langfristig Ihre Anschaffungen und Investitionen.

Dazu gehört auch, grundsätzlich die eigenen Kontoauszüge und Kreditkartenabrechnungen im Detail zu prüfen, um zu kontrollieren, ob auch wirklich nur eigene Belege abgebucht wurden, ober ob es hier zu Fehlern oder Unregelmäßigkeiten kommt. Wichtig ist es, bei Unstimmigkeiten sofort zu reklamieren. So schreibt z.B. eine Bank grundsätzlich auf Ihre Kontoauszüge: Sollten Sie den Auszügen nicht innerhalb von sechs Wochen widersprechen, gelten die Auszüge als anerkannt.

Kommt es wirklich einmal zu falschen Belastungen, ist das Thema natürlich umso leichter zu klären, je kürzer der Belastungszeitpunkt zurück liegt. Sie wissen doch selbst nach einer Woche noch viel genauer, was Sie gekauft oder bezahlt haben, als nach ein oder zwei Monaten.

Treffen Sie Ihre Entscheidungen bewusst und lassen Sie sich nicht von der Werbung oder von „falschen“ Freunden und Bekannten leiten. Sie sind der Schöpfer Ihres Lebens. Das bedeutet aber auch: Übernehmen Sie Verantwortung für Ihr tun und handeln und stellen Sie auch das immer wieder auf den Prüfstand.

Wie sagte bereits Bismarck: Prinzipien sind wie die Pantoffeln eines Bauern. Wenn er schnell laufen muss, zieht er sie aus.

Das bedeutet für Sie: Stellen Sie ab und zu Ihre Gewohnheiten in Frage und greifen Sie regulierend ein, wenn es erforderlich ist.

So geht es z.B. nicht um die Frage: Soll ich das Abonnement für meine Zeitung weiterhin laufen lassen, nur weil es in ist die XY-Zeitung oder das Z-Magazin zu kaufen, sondern vielmehr um die Frage: Wie oft lese ich die Zeitung oder das Magazin tatsächlich? Ist es eventuell günstiger, es am Kiosk zu kaufen, wenn ich denn tatsächlich einmal Zeit zum Lesen habe.

Nicht selten kommt es vor, dass Sie sich überreden lassen, ein kostenloses Probeabo zu bestellen und dann steht häufig im Kleingedruckten, dass sich das Abo automatisch kostenpflichtig verlängert, falls Sie nicht wären des Probezeitraums schriftlich kündigen[91]. Das sehen am Schnellsten, wenn Sie regelmäßig alle Zahlungen und Belastungen kontrollieren.

---

[91] Das ist z.B. eine beliebte Masche bei Internetfirmen, wie GMX, die laufend Werbung machen mit einem testweisen Upgrade auf eine kostenpflichtige, werbefreie Variante des kostenlosen Mailservice Angebots. Solche Angebote mit Haken und Ösen erkennen Sie in der Regel daran, dass für ein kostenloses Angebot gefordert ist, eine Bankverbindung oder eine Zahlungsmethode anzugeben.

Fragen zur Vertiefung

☺ Testen Sie Ihr Wissen

1) Warum ist es wichtig, die Einträge der SCHUFA über sich selbst regelmäßig zu prüfen?

2) Wie kann ich meine Bonität verbessern?

3) Welche Informationen würden Sie selbst verwenden, wenn Sie allwissend wären? Nur die Informationen, die Sie laut Gesetz haben dürfen, oder alle Informationen, die Ihnen zur Verfügung stehen?

Praktische Übungen

1) Führen Sie wenigstens 4 Wochen ein Haushaltsbuch und prüfen Sie sämtliche Einnahmen und Ausgaben. Fragen Sie sich: Wie kann ich meine Einnahmen erhöhen? Bringen mir meine Ausgaben tatsächlich den gewünschten Nutzen? Auf welche Ausgaben kann ich verzichten?

2) Stellen Sie eine Übersicht über Ihre langfristigen Versicherungen und Verträge auf. Was davon benötige ich wirklich, was kann gekündigt werden?

© New Earth Publishing

Kapitel

12

Missbrauch und Betrug

Wo liegen die neuen Risiken und wie kann ich mich schützen.

Im Zeitalter der Digitalisierung und dem Wandel von der realen zur digitalen Welt ändert sich nicht nur unser eigenes Leben und Handeln. Mensch und Maschine wachsen zusammen, Geschäfte und Einkäufe werden zunehmend in elektronischer Form ausgeführt und die Welt wird ein wenig anonymer.

Durch die zunehmende Digitalisierung unserer Welt eröffnen sich für auch für Betrüger völlig neue Möglichkeiten. Mit Hilfe von gestohlenen, ge- oder verfälschten Papieren und den Missbrauch fremder Identitäten versuchen Betrüger, sich Vorteile zu verschaffen, die nicht selten auch negative Auswirkungen auf andere Menschen haben.

Um sich effektiv schützen zu können, ist es zunächst wichtig, die Risiken zu kennen und sich bewusst zu machen, dass es jeden treffen kann.

Wenn Sie Opfer eines Betrugs und/oder Identitätsdiebstahls werden, kann es neben unmittelbaren Verlusten in der Folge auch zu negativen Einträgen bei der SCHUFA kommen, die unmittelbaren Einfluss auf Ihre Bonität haben.

Datenmissbrauch

Datenmissbrauch resultiert häufig im Familien-, Freundes- und Bekanntenkreis und nicht selten ist die Ursache dafür ein mangelndes Bewusstsein darüber, dass es sich hierbei nicht um ein Kavaliersdelikt handelt. Häufig werden Daten missbraucht, um sich dadurch einen persönlichen Vorteil zu erschleichen oder auch nur aus Bequemlichkeit.

Ich denke dabei z.B. an meine Schulzeit zurück, wo es dann schon mal hieß: kannst Du mir nicht mal Deinen Schülerausweis[92] leihen oder Deine Karte für die Bücherei? Diese oft auch nur aus Bequemlichkeit gestellte Frage deutet darauf hin, dass es den Beteiligten häufig gar nicht bewusst ist, dass es sich hier um einen Straftatbestand handelt, wenn ich mich als eine andere Person ausgebe.

Innerbetrieblich hört man in Unternehmen ab und an: „Kannst Du mir mal eben Diene Zugangsdaten geben?“ wenn es darum geht, auf Informationen zuzugreifen, auf die man selbst offiziell keinen Zugriff hat. In so einer Situation sollten Sie freundlich aber bestimmt ablehnen und gegebenenfalls klären, dass die entsprechenden Zugriffsrechte vergeben werden, sofern die geforderten Informationen für die Arbeit wirklich erforderlich sind. Grundsätzlich sollten Sie niemals Ihnen anvertraute Zugangsdaten und/oder Kennwörter an Dritte weitergeben, egal ob oder wie gut Sie die betreffende Person kennen.

Oder der so genannte „Freundschaftsdienst“: Jemand will eine Telefonnummer einer bestimmten Person, die nicht im Telefon eingetragen ist und fragt seinen Freund, der zufällig bei der Telekom arbeitet, nach der Nummer. Diese wird dann ohne Einverständnis der betroffenen Person einfach weitergegeben.

Ich glaube, an dieser Stelle sollten wir uns alle einmal an unsere eigene Nase fassen und prüfen, ob wir uns wirklich immer so verhalten, wie wir es von anderen erwarten.[93]

Oder es werden Daten im familiären oder Freundeskreis ausgespäht, um fremde Mails zu lesen oder Zugriff auf andere Informationen zu erhalten, die einen interessieren. Das eigentliche Problem ist in der Praxis, dass die meisten viel zu sorglos mit Ihren Daten umgehen. Das fängt damit an, dass viele in der heutigen Zeit schlicht damit überfordert sind, sich für jeden Dienst und jedes Programm eigene Zugangsdaten[94] zu merken.

[92] Zu der Zeit waren die meisten Schülerausweise und Ausweise für Büchereien in der Regel noch ohne Foto.

[93] Du selbst musst der Wandel sein, den Du sehen willst in der Welt.

[94] Ein sicheres Kennwort besteht aus wenigstens 8 Zeichen mit wenigstens 1 Zahl, Groß- und Kleinschreibung und wenigstens einem Sonderzeichen.

Datendiebstahl

Immer häufiger liest man in den Schlagzeilen von Datendiebstahl. Eine der wohl bekanntesten Schlagzeilen zu diesem Thema stammt aus dem Jahr 2011, als die Firma Sony zugeben musste, das ca. 77 Millionen Konten von Playstation Kunden bei einem Hackerangriff ausgelesen wurden[95].

Neben dem unmittelbar betroffenen Benutzerkonto des Einzelnen ergibt sich aus dem Abgreifen besonders dann eine ernste Bedrohung, wenn die betroffene Person für verschiedene Onlinedienste und Konten immer dieselben Zugangsdaten verwendet.

In 2012 erwischte es unter anderem ein Tochterunternehmen von Amazon:

Hacker erschlichen sich den Zugang zu Zappos.com Servern im amerikanischen Bundesstaat Kentucky und kopierten nach Unternehmensangaben über 24 Millionen Kundendaten: Die Namen, E-Mail-Adressen, Rechnungs- und Lieferadressen sowie Telefonnummern klauten die Cyber-Kriminellen. Sogar die letzten vier Ziffern der gespeicherten Kreditkartennummern und die verschlüsselten Passwörter der Kunden-Accounts waren vor dem Angriff nicht sicher. Der Online-Shop betont, dass keine kritischen Daten wie vollständige Kreditkartennummern oder sonstige Zahlungsdaten vom Angriff betroffen waren[96].

Und diese Liste lässt sich beliebig fortführen, auch mit bekannten Unternehmen. Das ist allerdings nur die Spitze des Eisbergs, denn im Tagesgeschäft gehen viel mehr Daten „verloren“ als öffentlich bekannt gegeben. Abgesehen von nicht gemeldeten Fällen gibt es auch eine hohe Dunkelziffer von Fällen von Datendiebstahl, die gar nicht entdeckt wurden.

Wie Sie sich schützen und im Falle eines Datendiebstahls den Schaden möglichst gering halten, dazu finden Sie Tipps in dem folgenden Kapitel „Sichere Kennwörter und Schutzvorkehrungen“.

---

[95]Quelle: http://www.spiegel.de/netzwelt/games/angriff-auf-playstation-netzwerk-sony-manager-entschuldigen-sich-fuer-datenklau-a-759962.html

[96]Quelle: http://www.pcwelt.de/news/Gehackt-Datenklau-von-24-Millionen-Kundensaetzen-bei-Amazon-Tochter-Zappos-com-4424277.html

Identitätsdiebstahl

Identitätsdiebstahl[97] ist eine deutliche Stufe krasser in seiner Auswirkung. Hier schlüpft eine Person komplett in die Rolle (Identität) einer anderen Person. Wobei der Sprachgebrauch hier ein wenig irreführend ist, denn Identitätsdiebstahl würde bedeuten, dass die Person, deren Identität hier benutzt wird, nicht mehr in der Lage wäre, die eigene Identität zu beweisen.

In der Regel handelt es sich jedoch um Identitätsmissbrauch. Dabei wird versucht, sich mit möglichst vielen Informationen über eine andere Person einen wirtschaftlichen Vorteil zu verschaffen oder aber, eine andere Person in Misskredit zu bringen.

Das Problem dabei ist, dass sehr viele Menschen sehr sorglos mit Ihren Daten umgehen und deshalb oft sehr einfach ist, persönliche Daten auszuspähen.

Sicherlich haben Sie auch schon einmal eine E-Mail mit einem Geschäftsangebot bekommen, in der die Rede ist von einem Vermögen eines Verstorbenen, der keine Angehörigen hatte und Sie sich als Erbe ausgeben sollten, um dann das Geld mit dem Absender der Mail zu teilen. Nehmen Sie dann Kontakt auf, wird verlangt, dass Sie eine Kopie von Ihrem Ausweis schicken und Ihre Bankverbindung für den Transfer.

Und es gibt immer wieder Menschen, die auf solche Betrugsgeschichten reinfallen und Ihre Bankdaten und eine Kopie Ihres Ausweises schicken und so einem möglichen Missbrauch Tür und Tor öffnen.

Eine ähnliche Masche ist z.B. ein angeblicher Lotteriegewinn bei einer E-Mail Ziehung.

Eine andere, weit verbreitete Methode, an persönliche Daten zu kommen ist nach wie vor der Taschendiebstahl[98], z.B. in Zügen, am Bahnhof oder im Hotel. Da stecken oft gut organisierte Banden dahinter, die dann in kürzester Zeit mit Hilfe von erbeuteten EC- oder Kreditkarten auf Kosten des Opfers einkaufen oder die Konten leer räumen.

Wichtig ist generell: sein Sie aufmerksam, achten Sie auf Ihre persönlichen Dinge und nehmen Sie insbesondere im Urlaub nur das mit, was Sie tatsächlich benötigen. Geben Sie in Internetplattformen möglichst wenig Informationen über sich preis.

Filme, wie „Der talentierte Mr. Ripley“ beschäftigen sich mit diesem Thema.

---

[97] Der Identitätsdiebstahl im Internet nimmt massiv zu. In Deutschland wurden allein in einem Vierteljahr 250.000 Fälle registriert.

[98] Insbesondere bei Diebstahl ist es wichtig, dass Sie schnellstmöglich Strafanzeige erstatten und Ihre Karten sperren lassen, um nicht Ihren Versicherungsschutz zu verlieren.

Sichere Kennwörter und Schutzvorkehrungen

Schützen Sie sich und Ihre Daten, indem Sie zumindest einige grundlegende Sicherheitsmaßnahmen treffen, sowohl im häuslichen Bereich, als auch im Umgang mit Computern und Programmen.

- Seien Sie wachsam. Lassen Sie keine persönlichen Dokumente und Zugangsdaten offen rumliegen, auch nicht in den eigenen 4 Wänden.
- Vermeiden Sie so genannte Masterkeys[99], die Ihnen für die verschiedensten Programme Zugang gewähren.
- Bewahren Sie Benutzerdaten und Kennwörter generell getrennt voneinander auf.
- Verwenden Sie für Ihren Computer immer einen aktuellen Virenschutz und eine aktuelle Firewall.
- Verwenden Sie generell ein Kennwort in Ihrem Bildschirmschoner.
- Nutzen Sie für unterschiedliche Programme generell unterschiedliche Zugangsdaten und Kennwörter.
- Verwenden Sie sichere Kennwörter, die aus wenigstens 8 Zeichen mit Groß- und Kleinschreibung, Ziffern und Sonderzeichen bestehen.
- Ändern Sie regelmäßig Ihre Kennwörter.
- Achten Sie auf Veränderungen, die Ihnen seltsam vorkommen.
- Halten Sie sich nach außen hin bedeckt, wenn es um persönliche Informationen geht. Je weniger andere über Sie wissen, je unauffälliger Sie sich verhalten, desto geringer ist das Risiko, dass es zu einem Schaden kommt.

---

[99] So bieten immer mehr Programme an, dass Sie sich alternativ mit Ihrem Facebook Account oder mit Ihrem Google Account anmelden können. Das sollten Sie grundsätzlich vermeiden, auch wenn eigene Zugangsdaten für ein Neues Programm oder eine neue Plattform mit einem gewissen zusätzlichen Aufwand verbunden sind. Ihre Sicherheit sollte Ihnen das wert sein.

Kapitel

13

Tipps und Tricks

In diesem Kapitel findest Du einige Anregungen und Hinweise, wie Du mit bestimmten SCHUFA-Profilen umgehen kannst.

Zum Abschluss möchte Ich Dir noch einen kleinen, praktischen Ratgeber an die Hand geben, wie Du in bestimmten Situationen souverän und effektiv mit Deinem persönlichen SCHUFA-Profil umgehst.

Dabei werde ich drei unterschiedliche Profile zeichnen mit der jeweils dazu passenden Handlungsempfehlung:

Den souveränen Bonzen der viel Geld hat und Wert auf sein Image legt.

Die alleinerziehende Mutter, die sich anstrengen muss, den Kopf über Wasser zu halten und Ihre Kinder zu erziehen.

Den abgestürzten Penner, der auf Hartz 4 läuft und mehr Schulden hat, als ein streunender Hund Flöhe.

An Hand dieser kurzen Ausflüge in das Leben dieser ausgewählten Personen wirst Du sehr schön sehen, dass es selten eine Patentlösung gibt, die für alle gültig ist. Vielmehr kommt es immer auf die Berücksichtigung der genauen Umstände an, um eine für die eigene Situation optimale Handlungsempfehlung zu finden.

Der Bonze

Der Bonze hat keine finanziellen Probleme. Er hat mehr Geld, als er zum Leben braucht und seine größte Sorge besteht darin, wie er sein Geld investieren kann um die bestmögliche Rendite zu erzielen.

Er lebt in den eigenen 4 Wänden, hat Zugang zu elitären Kreisen und ist nicht selten darauf bedacht, mit Statussymbolen zu glänzen.

Auf Ihn lauern in Sachen SCHUFA nur 2 Gefahren: Dass er zu viele Bankkonten und Handyverträge hat und dadurch seine eigene Bonität selbst verschlechtert und sich ärgert, sobald er unter 99% fällt und dass jemand seine Identität missbraucht, um sich auf seine Kosten zu bereichern. Dasselbe Problem hat er, wenn er einen Namen hat, der zu Verwechslungen führen kann oder wenn er Kinder hat, die über die Stränge schlagen und Schulden machen, ohne etwas zu sagen.

Für Ihn ist es sinnvoll, ein online SCHUFA Konto einzurichten und einen SCHUFA-IdentSafe Vertrag abzuschließen, um online tagaktuell über jede Anfrage, jede Änderung im Score und jeglichen Missbrauch Versuch informiert zu werden.

So hat er jederzeit die Möglichkeit, unmittelbar auf Änderungen zu reagieren und ein Gespür dafür zu entwickeln, welche seiner Verhaltensweisen Auswirkungen auf seine Scorwerte haben.

Parallel dazu sollte er sich nach Außen bedeckt geben, d.h. möglichst wenige Informationen über sich Preis geben, um nicht unnötig Neider auf den Plan zu rufen und möglichst wenig Angriffsfläche zu bieten.

Die alleinerziehende Mutter

Gerade wenn man ohnehin schon durch Kind(er) und Beruf eine Doppelbelastung hat und dabei auch noch auf sich alleine gestellt ist, sollte man bemüht sein, jegliche zusätzliche Belastung tunlichst zu vermeiden.

Um die laufenden Kosten so gering, wie möglich, zu halten, ist es wichtig im der Zahlungsmoral und Bonität möglichst unauffällig zu bleiben. Dabei gibt es eine Reihe von Verhaltensweisen, die hilfreich sind:

- Vermeiden Sie Umzüge. Wenn Sie ein befristetes Mietverhältnis eingehen müssen, prüfen Sie, ob es nicht möglich ist, sich bei Ihren Eltern zu melden. Jeder Umzug belastet Ihren Score.

- Behalten Sie Ihre Bankverbindung, selbst, wenn Sie umziehen.

- Wenn Sie mehrere Kinder haben, überlegen Sie ab dem 2. Handyvertrag, ob es nicht bessere ist, statt einem 3. Handyvertrag ein Handy mit Prepaid Karte zu nehmen. Das schafft nicht nur mehr Transparenz, es hilft auch, Ihren Score bei der SCHUFA zu schonen, denn bereits mit dem 3. Handyvertrag gelten Sie als besonderes Risiko[100].

- Wenn Sie in Zahlungsschwierigkeiten sind, reden Sie bei Zeiten mit den Gläubigern und einigen Sie sich auf realistische Raten, bevor es zu Mahnungen und zusätzlichen Kosten kommt.

- Führen Sie ein Kassenbuch, damit Sie Kosten und Liquidität stets im Blick haben.

- Nehmen Sie Hilfen in Anspruch, die Ihnen zustehen.

- Informieren Sie sich, welche Ansprüche Sie z.B. auf Wohngeld oder sonstige Leistungen[101] haben.

Und das wichtigste: Planen Sie so, als müssten Sie alleine klar kommen. In der Regel gibt es kaum jemanden, auf den Sie sich im Zweifel wirklich verlassen können.

---

[100] Mehr als 2 Handyverträge oder mehr als 2 Bankkonten gelten in der Regel als so genannte Risikostreuung, d.h. man unterstellt Ihnen, dass Sie einer höheren Risikogruppe angehören. Das erschwert es, Kredite zu erhalten und verteuert die Kosten.

[101] Sämtliche Sozialleistungen sind im Voraus zu beantragen. Es wird in der Regel keine rückwirkende Erstattung gewährt, selbst wenn Sie anspruchsberechtigt sind.

Abgestürzt

Du bist komplett abgestürzt, obdachlos oder lebst von Hartz IV und hast jede Menge Schulden?

Dann ist eine negative SCHUFA Dein geringstes Problem. Im Gegenteil: da auch ein großer Teil Deiner Gläubiger eine SCHUFA Auskunft einholen, bevor Sie Geld ausgeben, um Dich zu verklagen und/oder Dir den Gerichtsvollzieher auf den Hals zu schicken, kann eine schlechte SCHUFA in diesem Fall sogar von Vorteil für Dich sein.

Bevor Du Dir in dieser Situation einen Kopf über Deine SCHUFA machst, gibt es wichtigeres zu tun. Zunächst solltest Du damit anfangen, Haushaltsbuch zu führen.

Was kommt an Geldern rein und welche laufenden Kosten hast Du? Was davon benötigst Du wirklich? Wie kannst Du Deine Einnahmen verbessern?

Verschaffe Dir einen Überblick über Deine Schulden. Kannst Du das aus eigener Kraft bewerkstelligen? Wenn nein, suche Dir Hilfe in Deinem Freundes und Bekanntenkreis, in Deiner Familie oder bei einer Schuldenberatung. Es gibt überall caritative Schuldenberatungen, die Dir kostenlos weiterhelfen.

Wichtig zu wissen ist an dieser Stelle wissen:

Durch das Gesetz zur Reform der Sachaufklärung in der Zwangsvollstreckung wurde das deutsche Zwangsvollstreckungsrecht zum 1. Januar 2013 in wichtigen Punkten erneuert. Insbesondere vereinfachte das Gesetz die Zwangsvollstreckung in Forderungen und trennte die Sachaufklärung von den Rechtsfolgen einer ergebnislosen Vollstreckung. Es erleichterte die Informationsbeschaffung für den Gläubiger und modernisierte und zentralisierte das Verfahren und die Führung von Schuldnerverzeichnissen.

Dadurch hat ein Gläubiger eine ganze Reihe von zusätzlichen Möglichkeiten zu Informationsbeschaffung über die Situation seines Schuldners erlangt. Die Änderungen im Detail habe ich für den interessierten Leser als Fußnote eingefügt[102].

Prüfe, ob es sich lohnt, eine Privatinsolvenz zu beantragen. Aber Achtung: nicht alle Schulden kannst Du auf diesem Weg los werden.

---

[102] Änderung der Zivilprozessordnung
Artikel 1 enthält grundlegende Änderungen der Zivilprozessordnung. Die §§ 806b, 813a und 813b ZPO wurden gestrichen, die §§ 802a–l und 882b–h ZPO wurden neu eingefügt.
§ 802a ZPO: Grundsätze der Vollstreckung; Regelbefugnisse des Gerichtsvollziehers
§ 802b ZPO: Der Gerichtsvollzieher soll in jeder Phase des Zwangsvollstreckungsverfahrens auf eine gütliche Erledigung der Angelegenheit hinwirken. Im Falle einer Zahlungsvereinbarung zwischen Gläubiger und Schuldner wird die Vollstreckung aufgeschoben.
§ 802c, § 802d, § 802e, § 802f ZPO: Vermögensauskunft des Schuldners
§ 802g, § 802h, § 802i, § 802j ZPO: Erzwingungshaft
§ 802k ZPO: Führung der Vermögensverzeichnisse durch die zentralen Vollstreckungsgerichte
Unter bestimmten Voraussetzungen kann der Gläubiger über den Gerichtsvollzieher auch Auskünfte bei dritten Stellen einholen. Dazu wurde § 802l ZPO eingeführt. Diese Vorschrift statuiert Auskunftsrechte des Gerichtsvollziehers bei den Rentenversicherungsträgern, dem Bundeszentralamt für Steuern und dem Kraftfahrt-Bundesamt. Aus Datenschutzgründen bestehen die Auskunftsrechte allerdings erst, wenn die Forderung mindestens 500 Euro beträgt.
Die §§ 882b–882h ZPO enthalten detaillierte Regelungen zum Schuldnerverzeichnis.

Nach dem Ablauf der Wohlverhaltensperiode werden dem Schuldner, soweit keine Versagungsgründe vorliegen, die restlichen Schulden erlassen. Von dieser so genannten "Erteilung der Restschuldbefreiung" werden sämtliche Forderungen umfasst, welche zum Zeitpunkt der Eröffnung des Insolvenzverfahrens bereits bestanden haben und noch nicht getilgt waren. Die Restschuldbefreiung gilt auch gegenüber den Gläubigern, die ihre Forderung nicht angemeldet haben.[103]

Jedoch werden nicht ausnahmslos alle Schulden erlassen. Wichtige Ausnahmen von der Restschuldbefreiung bilden insbesondere folgende Forderungen:

Forderungen aus unerlaubter Handlung

Vereinfacht ausgedrückt handelt es sich bei "Forderungen aus unerlaubter Handlung" oder auch "deliktischen Ansprüchen" um Schulden, welche aufgrund eines strafbaren Handelns des Schuldners entstanden sind. Hierzu gehören beispielsweise Schadensersatz- und Schmerzensgeldansprüchen verletzter Personen als Folge einer Straftat.

Strafen

Geldstrafen, Geldbußen Ordnungsgelder und Zwangsgelder werden ebenfalls nicht erlassen

Darlehen für das Insolvenzverfahren

Schulden aus zinslosen Kredit- und Darlehensverträgen die eigens dafür abgeschlossen worden sind, um die Kosten eines Verbraucherinsolvenzverfahrens zu begleichen bleiben ebenfalls bestehen.[104]

Eine Alternative zur Verbraucherinsolvenz bietet ein Vergleich. Hier verhandelst Du mit Deinen Gläubigern über eine Vergleichsquote, die ohne Zinsen in einer Summe oder in Raten zu erfüllen ist.

Grundsätzlich gilt, wenn Du aus dem Absturz wieder raus und in die Gesellschaft zurück willst, musst Du Dich und Dein Leben ändern. Dazu gehört erst einmal, sich selbstehrlich mit seiner Situation auseinander zu setzen und für sich selbst den ernsthaften Entschluss zu fassen, sein Leben von Grund auf zu ändern.

Das bedeutet: Kein Alkohol, keine Drogen, keine Zigaretten, Sauberkeit, regelmäßige Bewegung und gesundes Essen. Für alle Bereiche findest Du Unterstützung. Es gibt Flächendeckend Suchtberatungsstellen, vielerorts die Tafel, die kostenfrei Essen ausgibt und viele Quartiere für Obdachlose.

---

103 http://www.meine-verbraucherinsolvenz-online.de/welche-forderungen-bleiben-trotz-verbraucherinsolvenz-bestehen

104 Selbst wenn man sich zum Teil hohen Forderungen aus unerlaubter Handlung gegenübersieht, bedeutet dies aber nicht zwangsläufig, dass diese Schulden auch nach der Erteilung der Restschuldbefreiung bestehen bleiben. Es handelt sich hierbei nicht um eine automatische Folge: Voraussetzung ist, dass der Gläubiger seine Forderung auch ausdrücklich als eine deliktische Forderung angemeldet hat. Ist der Schuldner hiermit nicht einverstanden und bestreitet, dass die Schulden als Folge etwa eines strafbaren Verhaltens entstanden sind, so muss dies der Gläubiger erforderlichenfalls gerichtlich im Wege einer Feststellungsklage entscheiden lassen, deren Begründetheit er auch darzulegen und zu beweisen hat.

Das wichtigste dabei ist: keine falsche Scham. Wenn Du Hilfe benötigst, dann sag das auch und lass Dir auch helfen. Aber: etwas ändern kannst nur Du. Also setze Dich mit Deiner Situation auseinander. Was ist passiert? Wie bist Du in diese Situation geraten? Mache das am Besten schriftlich. Und dann triff eine neue Wahl: was will ich? Was kann ich? Was bin ich bereit, zu ändern?

Und dann fange systematisch an, an Deinem Aufstieg zu arbeiten. Geh zu den Behörden und kläre, welche Leistungen Du in Anspruch nehmen kannst. Du hast kein Bankkonto mehr? Geh zur Sparkasse an Deinem Wohnsitz. Für die gilt der so genannte Kontrahierungszwang[105], d.h. die muss Dir ein Konto eröffnen.

Richte Dir ein Pfändungsschutzkonto ein, damit Dir bis zur Pfändungsfreigrenze niemand etwas wegpfänden kann, damit Dir in jedem Fall genug für Essen und Miete bleibt. Suche Dir einen Job, der Deinen Fähigkeiten und Neigungen entspricht. Nur dann wirst Du auch gute Leistungen bringen und damit wieder Stabilität in Dein Leben bringen.

Wenn Du arbeitslos bist, suche Dir eine regelmäßige, feste Aufgabe. Geh zum Beispiel ins nächste Tierheim und führe zu festen Zeiten einen Pflegehund aus. So hast Du etwas zu tun, Bewegung und soziale Kontakte. Tiere sind eine große Hilfe, wenn es Dir schlecht geht. Sie sind da als Freund, bringen Dich zum Lachen und zeigen Gefühle.

Alternativ kannst du ins nächste Seniorenheim gehen und den Bewohnern Bücher vorlesen oder Besorgungen erledigen und hier neue Kontakte knüpfen. So gibt es viele weitere Möglichkeiten, sich zu engagieren. Hauptsache, Du machst etwas Sinnvolles und hast eine Aufgabe. Dadurch bekommt Dein Leben wieder eine Regelmäßigkeit und einen Sinn und Du baust Dir ein neues Selbstvertrauen auf.

Soziale Kontakte sind sehr wichtig, wenn es darum geht, wieder Fuß zu fassen. Allerdings musst Du diese Kontakte pflegen. Dazu gehört vor allem eine offene, ehrliche Kommunikation, auch wenn es manchmal schwer fällt. Versetz Dich in die Lage des anderen…. Welchen Beweggrund hat er, Dich zu unterstützen, was erwartet er dafür von Dir? Kannst Du diese Erwartungen erfüllen?

Erst, wenn Du Dein Leben und Deine Schulden wieder im Griff hast, ist es an der Zeit, Dich um Deine SCHUFA Einträge zu kümmern. Jetzt kannst Du Schritt für Schritt die Löschung der Einträge verlangen, die erledigt sind. Und anschließend die in Angriff nehmen, die noch auf eine Lösung warten.

Wenn Du wieder Boden unter den Füßen hast und auch mal Urlaub machen willst, brauchst Du unter Umständen eine Kreditkarte. Unter www.global-mastercard.de kannst Du eine kostenfreie Prepaidkarte[106] beantragen, ohne SCHUFA. Auf dieser Karte kannst Du nur über Dein vorhandenes Guthaben verfügen. Aber jeder kann Dir auf dieses Kartenkonto Geld überweisen. So hast Du im Zweifel eine Kreditkarte, um ein Auto zu mieten oder einen Flug zu buchen oder ein Hotelzimmer.

---

[105] Wenn sich die Sparkasse weigert, Dir ein Konto zu eröffnen, weise auf den Kontrahierungszwang hin. Niemand wird es dann noch wagen, Deinem Wunsch nach einem Konto zu widersprechen.

[106] Dabei handelt es sich um eine Karte auf Guthabenbasis, ohne Kredit. Du kannst also nur in Höhe Deines vorhandenen Guthabens verfügen.

© New Earth Publishing

Du siehst, es gibt immer Möglichkeiten. Eine echte Kreditkarte findest Du unter www.gebuehrenfrei.com . Hier bekommst Du unter Umständen auch einen Kreditrahmen. Aber Vorsicht: die Zinsen sind extrem hoch und das ist nur eine Option für absolute Notfälle, sofern Du auch über Einkünfte verfügst, diesen Kredit zurückzuzahlen. Such Dir bei Zeiten einen Aushilfsjob, wenn Du siehst, dass es eng wird, damit Du nicht wieder abrutscht und verzichte auf unnötige Ausgaben.

Wenn Du ein Telefon benötigst, kauf Dir bei Ebay günstig ein gebrauchtes Handy und besorge Dir eine prepaid Karte. So kannst Du nie mehr als Dein Guthaben vertelefonieren und Du hast immer die volle Kostenkontrolle.

Setz Dir klare Ziele und immer, wenn Du ein Ziel erreicht hast, belohne Dich dafür, z.B. mit einem schönen Essen oder einem neuen Kleidungsstück.

Und so gibt es immer und überall Möglichkeiten und Gelegenheiten, Du musst nur offen sein dafür. Ich wünsche Dir viel Erfolg.

Kapitel

14

Die SCHUFA AG – Zahlen und Fakten 2014

Hier finden Sie wichtige und Interessanten Zahlen und Fakten aus dem Jahresabschluss der SCHUFA AG 2014.

In diesem Kapitel habe ich für Sie aus der Veröffentlichung des Jahresabschlusses und dem Lagebericht der SCHUFA Holding AG im Bundesanzeiger zusammengestellt[107].

Dabei habe ich den Fokus auf solche Informationen gesetzt, die für den geneigten Leser verständlich und interessant sind und habe viele der technischen Details weggelassen. Sie haben jederzeit die Möglichkeit, im elektronischen Bundesanzeiger den die vollständige Veröffentlichung nachzulesen. Darüber hinaus finden Sie im elektronischen Bundesanzeiger weitere Veröffentlichungen zur SCHUFA.

Für die nächsten Jahre sieht die SCHUFA selbst ein großes Wachstumspotential im Privatkundengeschäft. Nicht nur durch die ständig wachsenden Anforderungen von Vermietern, die die Mieter immer häufiger zwingen, eine aktuelle SCHUFA Bonitätsprüfung abzuliefern, auch durch die stark zunehmende Unsicherheit im Internet und die Angst um Datenmissbrauch hilft der SCHUFA massiv beim Verkauf Ihrer Produkte für Privatpersonen. In diesem Marktsegment hat die SCHUFA noch nicht einmal 5% des möglichen Potentials ausgeschöpft.

[107] Den vollständigen Bericht können Sie nachlesen unter www.bundesanzeiger.de . Einfach auf der Startseite als Suchbegriff **SCHUFA AG** eingeben. Die folgenden Informationen wurden unmittelbar aus dem Lagebericht bzw. der von der SCHUFA Holding AG veröffentlichten Bilanz für 2014 entnommen.

Gegenstand des Unternehmens

Seit 1927 beschäftigt sich die SCHUFA Holding AG mit Angeboten rund um Bonität und Identität in den unterschiedlichsten Branchen. Sie ist mit zahlreichen Produkten und Dienstleistungen der führende Informations- und Servicepartner für die kreditgebende Wirtschaft in Deutschland. Sie erhebt, verarbeitet und veräußert Informationen zu Privatpersonen und Unternehmen. Satzungsmäßiges Ziel ist es unter anderem, Vertragspartner vor Zahlungsausfällen zu schützen sowie Kreditnehmer vor einer übermäßigen Verschuldung zu bewahren. Als innovatives Unternehmen trägt die SCHUFA durch ihre Informationen dazu bei, die Kreditgeschäfte ihrer rund 9.000 Firmenkunden schnell und sicher zu gestalten. Ihren 2 Mio. Privatkunden bietet sie eine Vielzahl an Produkten und Services an, die sich an deren gesellschaftlichen und wirtschaftlichen Bedürfnissen orientieren.

Im Zusammenspiel mit der kreditgebenden Wirtschaft sorgt die SCHUFA seit Jahrzehnten für eine schnelle und unproblematische Kreditvergabe an Verbraucher und ermöglicht kundenorientierte Bezahlmodelle, z.B. im Distanzhandel. Somit trägt das Unternehmen dazu bei, ein modernes Wirtschaftsleben zu ermöglichen. Basis dafür ist der einzigartige Datenpool mit Informationen zur Beurteilung des aktuellen Kreditverhaltens von volljährigen, natürlichen Personen sowie umfassenden Informationen zu Unternehmen. Softwaresysteme zur Entscheidungsunterstützung und Dienstleistungen rund um mathematisch-statistische Entscheidungsverfahren runden das Produktportfolio ab.

Mit ihrem Angebot stellt die SCHUFA auch für Privatkunden Produkte und Services über das gesetzlich vorgeschriebene Maß hinaus zur Verfügung. Mit diesen können Verbraucher jederzeit und überall Einblick in die über ihre Person bei der SCHUFA gespeicherten Daten nehmen, die eigene Bonität gegenüber Dritten darstellen, sich vor den Folgen des Missbrauchs ihrer persönlicher Daten im Internet schützen oder Informationen über Unternehmen erhalten.

Wichtige Vorgänge des Geschäftsjahres 2014

Die im Vorjahr bereits begonnene Umstellung des Zahlungsverkehrs auf das SEPA-Verfahren (Single Euro Payments Area) hat die SCHUFA am 27. Januar erfolgreich umgesetzt. Trotz der Fristverlängerung um 6 Monate durch den Gesetzgeber hat die SCHUFA am ursprünglichen Plan, die Umsetzung SEPA bis zum 1. Februar 2014 durchzuführen, festgehalten und das gesteckte Ziel erreicht.

Die SCHUFA ist mit Urteil des Bundesgerichtshofs vom 28. Januar 2014 in einer wichtigen Grundsatzentscheidung höchstrichterlich bestätigt worden:

Der BGH hat festgestellt, dass es sich bei den den SCHUFA-Scores zu Grunde liegenden mathematisch-statistischen Berechnungsverfahren um ein schützenswertes Geschäftsgeheimnis handelt. Der BGH bekräftigt damit die bisherige Rechtsprechung aus vergleichbaren Verfahren.

In der Aufsichtsratssitzung vom 31. März 2014 wurde Herr Dr. Peter Achten, Hauptgeschäftsführer des Handelsverbandes Nordrhein-Westfalen e.V., in den Aufsichtsrat der SCHUFA Holding AG berufen und ersetzt damit das gleichzeitig ausscheidende Aufsichtsratsmitglied, Herrn Jürgen Schulte-Laggenbeck, Vorstand der Otto Group (GmbH & Co. KG).

Mit Wirkung zum 1. September 2014 konnte die SCHUFA den ehemaligen Präsidenten des Bundesverfassungsgerichts, Herrn Prof. Dr. Hans-Jürgen Papier, als neuen SCHUFA-Ombudsmann begrüßen. Dies unterstreicht den besonderen Stellenwert der unabhängigen Schlichtung und der Verbraucherkommunikation bei der SCHUFA.

Im Juni 2014 wurde Herr Dr. Michael Freytag, Vorstandsvorsitzender der SCHUFA Holding AG, erneut zum Vizepräsident der Association of Consumer Credit Information Suppliers (ACCIS) gewählt.

Im September 2014 wurde Herr Peter Villa, Mitglied des Vorstandes der SCHUFA Holding AG, in das Board of Directors des internationalen Verbandes Business Information Industry Association (BIIA) berufen.

Für den internationalen Erfahrungsaustausch ist die SCHUFA Mitglied in den internationalen Verbänden ACCIS, BIIA, ECRI, FEBIS und EASDP.

Im November wurde ein Compliance-Management-System eingeführt. Aufgabe dieses Systems ist es, auf die Einhaltung der maßgeblichen Gesetze, sowie die als Selbstverpflichtung auferlegten Maßnahmen zum regelkonformen Verhalten des Unternehmens hinzuwirken und diese zu kontrollieren. Auch zukünftig wird die SCHUFA für ihre Kunden ein verlässlicher Vertragspartner im Umgang mit Daten und in Bezug auf die Rechtssicherheit darstellen.

Im Dezember 2014 hat der Aufsichtsrat der SCHUFA Holding AG den Vertrag von Herrn Dr. Michael Freytag als Vorstandsvorsitzenden um weitere 5 Jahre bis 2020 verlängert.

Marktentwicklung

Die positive geschäftliche Entwicklung der SCHUFA hat sich im Geschäftsjahr 2014 weiter fortgesetzt. Vor dem Hintergrund eines nach wie vor guten und stabilen Konsumverhaltens in Deutschland ist diese geprägt durch eine leicht gestiegene Nachfrage der Unternehmenskunden sowie eine nochmals deutlich positive Entwicklung im Privatkundengeschäft.

Sowohl die Konsumausgaben der deutschen Haushalte als auch die Anzahl der Konsumentenkredite sind im Vergleich zum Vorjahr auf hohem Niveau stabil geblieben und konnten in einzelnen Bereichen sogar eine leichte Steigerung erfahren. Als wesentliche Gründe dafür werden insbesondere das weiterhin sehr niedrige Zinsniveau für Verbraucherkredite und die entspannte Lage auf dem Arbeitsmarkt angesehen. Die SCHUFA kann daher auch in 2014 auf eine leicht gestiegene Nachfrage im Bereich der Firmenkunden zurückblicken.

Im Privatkundenbereich konnte neben der klassischen Bonitätsauskunft insbesondere die Nachfrage nach den Produkten SCHUFA-UpdateService und SCHUFA-Ident Safe deutlichen Zuwachs verzeichnen. Ein neues Preismodell für die Bonitätsauskünfte wurde erfolgreich am Markt etabliert. Insgesamt wurden 230.000 neue Kunden auf der Internetplattform www.meineSCHUFA.de gewonnen, die Gesamtzahl der registrierten Kunden konnte auf mittlerweile ca. 2 Mio. (VJ. 1,7 Mio.) gesteigert werden.

Im Geschäftsfeld B2B konnte sowohl mit dem Kernprodukt SCHUFA-Kompaktauskunft, als auch mit den anderen Produkten rund um Unternehmensdaten, ein weiterhin gleichbleibendes Wachstum erreicht werden.

Produktion und Entwicklung

Im Geschäftsjahr wurden von der SCHUFA 117,4 Mio. (VJ. 109,0 Mio.) Auskünfte und Nachmeldungen an Vertragspartner sowie 1,9 Mio. (VJ. 1,7 Mio.) Auskünfte an Verbraucher erteilt.

Die SCHUFA-Produktpalette umfasst Produkte für Privatkunden sowie Produkte, die Vertragspartner in ihrem Geschäft mit privaten (B2C) und gewerblichen Kunden (B2B) nutzen. Mit der Entwicklung neuer und der Optimierung bestehender Produkte konnten in allen Geschäftsfeldern im abgelaufenen Geschäftsjahr das Produktportfolio verbessert und ausgebaut werden. Die Intensivierung der Kundenbindung und das Einbeziehen der Vertragspartner in Produktentwicklungen und -optimierungen wurden auch im Jahr 2014 durch verschiedene Projekte vorangetrieben.

So konnte zum 1. Juli 2014 der SCHUFA-FraudPool gestartet werden. Der SCHUFA-FraudPool ermöglicht Kreditinstituten im Einklang mit dem KWG und dem BDSG den Austausch von Informationen zu konkreten Betrugsverdachtsfällen auf Basis des Gegenseitigkeitsprinzips. Damit unterstützt die SCHUFA ihre Kunden bei der Abwehr von Betrugsversuchen und hilft, Schaden von Kreditinstituten, Verbrauchern und der Volkswirtschaft als Ganzes abzuwenden. Aber auch mit Bestandsprodukten, wie beispielsweise dem IdentitätsCheck oder dem weiterentwickelten KontonummernCheck, werden Kunden in ihrem Risikomanagement unterstützt, um betrügerisches Handeln zu vermeiden.

Im Privatkundengeschäft konnte die SCHUFA mit ihrer im Jahr 2010 begonnenen Strategie, Privatkundenprodukte und Serviceleistungen für Verbraucher in Verbindung mit Kooperationspartnern zu positionieren, ebenfalls eine positive Entwicklung verzeichnen. Seitdem gewinnen diese Kooperationsmodelle immer mehr an Bedeutung, um sowohl die Gewinnung von Partnern voranzutreiben, als auch den Ausbau der langfristig angelegten Partnerschaften zu stärken. Zudem ist es auch möglich, Produkte online zur Verfügung zu stellen, was sich weiterhin besonders erfolgreich in Kooperation mit dem führenden Immobilienportal ImmobilienScout24.de zeigt.

Auch die Zusammenarbeit mit dem Banken- und Finanzsektor konnte weiter vertieft werden, was dem Bedarf der Privatkunden nach einem persönlichen Kontakt am „Point-of-Sale“ entgegen kommt. In der Versicherungsbranche konnte ein neuer Kooperationspartner akquiriert und weitere Perspektiven für die Zukunft vorbereitet werden. Insgesamt verfügt die SCHUFA im abgelaufenen Geschäftsjahr über eine Verbindung zu siebzehn Kooperationspartnern und sieht diese als chancenreiche Basis für die Zukunft des Privatkundengeschäftes.

Seit Dezember 2014 bietet die SCHUFA ihren Privatkunden in Form der „meineSchufa Pakete“ drei aufgewertete und durch zusätzliche Services ergänzte Produkte im monatlichen Bezug an. Hierin wurden neben den bisherigen Leistungen weitere Bausteine, wie beispielsweise eine individuelle und persönliche Beratung, erweitere Servicezeiten, ein mehrsprachiger Telefonservice und ein Formularservice rund um das Thema Umzug, Miete und Finanzen hinzugefügt.

Im Geschäftsbereich B2B konnte die SCHUFA im Geschäftsjahr erhebliche Verbesserungen hinsichtlich Abdeckung, Qualität und Versorgungssicherheit des Datenbestandes erreichen. Davon profitieren im Wesentlichen die Produkte SCHUFA-Kompaktauskunft, SCHUFA-Kurzauskunft, SCHUFA-GwG-Auskunft und die SCHUFA-B2B Datenanreicherungen. Für die Anfang 2015 geplanten Produkteinführungen und das hierfür erforderliche End-to-End-Qualitätsmanagement, von der Datenlieferung, Verarbeitung, Bewertung der Datenqualität bis zur Aktualisierung vor Produktauslieferung, wurden im Geschäftsjahr bereits wesentliche Grundlagen geschaffen[108].

[108] Die Postbank investiert in ihr Filialnetz und bietet ihren Kunden einen neuen digitalen Service an. In bundesweit 100 Postbank Finanzcentern erhalten sie zukünftig einfach und schnell ihre persönliche SCHUFA-Bonitätsauskunft direkt zum Mitnehmen. Das Serviceangebot wird in Kooperation mit der SCHUFA ab Anfang Oktober zur Verfügung stehen. Damit wird es zum Beispiel für potenzielle Mieter einfacher, Vermieter direkt von ihrer Bonität zu überzeugen.
"Jeden Tag kommen rund eine Million Kunden in unsere Filialen, die sich von uns neben persönlicher Beratung zunehmend auch digitale Dienstleistungen wünschen. Die neue Kooperation mit der SCHUFA markiert einen weiteren Schritt im Rahmen unserer Positionierung 'digital und persönlich'", so Hans-Peter Schmid, Filialvorstand der Postbank. "Neben den bekannten Bank- und Postdienstleistungen können wir unser Angebot so für unsere Kunden sinnvoll erweitern."

SCHUFA Holding AG - Bilanz 2014

AKTIVA

	2014 EUR	2013 EUR
A. ANLAGEVERMÖGEN	25.059.221 €	26.095.040 €
I. Immaterielle Vermögensgegenstände	16.321.217 €	18.396.398 €
1. entgeltlich erworbene Konzessionen, gewerbliche Schutzrechte und ähnliche Rechte und Werte sowie Lizenzen an solchen Rechten und Werten	16.152.467 €	10.269.641 €
2. geleistete Anzahlungen	168.750 €	8.126.757 €
II. Sachanlagen	7.069.477 €	6.431.963 €
1. andere Anlagen, Betriebs- und Geschäftsausstattung	7.069.477 €	2.350.488 €
2. geleistete Anzahlungen und Anlagen im Bau	- €	4.081.474 €
III. Finanzanlagen	1.668.527 €	1.266.679 €
1. Anteile an verbundenen Unternehmen	339.023 €	339.023 €
2. Beteiligungen	286.252 €	286.252 €
3. Wertpapiere des Anlagevermögens	506.944 €	506.944 €
4. sonstige Ausleihungen	536.308 €	134.461 €
B. UMLAUFVERMÖGEN	39.447.695 €	33.860.652 €
I. Forderungen und sonstige Vermögensgegenstände	13.947.028 €	11.932.678 €
1. Forderungen aus Lieferungen und Leistungen	12.983.406 €	10.791.143 €
2. Forderungen gegen Unternehmen, mit denen ein Beteiligungsverhältnis besteht	596.878 €	608.900 €
3. sonstige Vermögensgegenstände	366.745 €	532.636 €
II. Wertpapiere	48.573 €	48.573 €
sonstige Wertpapiere	48.573 €	48.573 €
III. Kassenbestand und Guthaben bei Kreditinstituten	25.452.094 €	21.879.402 €
C. RECHNUNGSABGRENZUNGSPOSTEN	2.639.968 €	2.294.545 €
	67.146.884 €	**62.250.237 €**

Passiva

	2014 EUR	2013 EUR
A. EIGENKAPITAL	45.442.177 €	37.096.620 €
I. Gezeichnetes Kapital	5.410.876 €	5.410.876 €
II. Kapitalrücklage	6.721.185 €	6.721.185 €
III. Gewinnrücklagen	24.500.000 €	16.700.000 €
IV. Bilanzgewinn	8.810.116 €	8.264.559 €
B. RÜCKSTELLUNGEN	11.782.291 €	16.443.978 €
1. Rückstellungen für Pensionen und ähnliche Verpflichtungen	677.232 €	1.614.167 €
2. Steuerrückstellungen	920.964 €	4.342.376 €
3. sonstige Rückstellungen	10.184.095 €	10.487.435 €
C. VERBINDLICHKEITEN	6.570.079 €	6.206.987 €
1. Verbindlichkeiten aus Lieferungen und Leistungen	4.030.945 €	3.793.579 €
2. Verbindlichkeiten gegenüber verbundenen Unternehmen	360.927 €	375.879 €
3. Verbindlichkeiten gegenüber Unternehmen, mit denen ein Beteiligungsverhältnis besteht	92.426 €	440.300 €
4. sonstige Verbindlichkeiten	2.085.780 €	1.597.229 €
- davon aus Steuern: EUR 1.954.287,81 (Vorjahr: EUR 1.402.787,91)		
- davon im Rahmen der sozialen Sicherheit: EUR 40,00 (Vorjahr: EUR 20.752,67)		
D. RECHNUNGSABGRENZUNGSPOSTEN	3.352.337 €	2.502.652 €
	67.146.884 €	**62.250.237 €**

© New Earth Publishing

Gewinn und Verlustrechnung für das Jahr 2014

	2014 EUR	2013 EUR
1. Umsatzerlöse	132.701.348 €	123.432.630 €
2. sonstige betriebliche Erträge	1.316.286 €	1.170.333 €
3. Aufwendungen für bezogene Leistungen	-18.323.845 €	-19.960.072 €
4. Personalaufwand	-50.548.081 €	-47.521.840 €
a) Löhne und Gehälter	-42.564.731 €	-39.492.410 €
b) soziale Abgaben und Aufwendungen für Altersversorgung	-7.983.350 €	-8.029.430 €
- davon für Altersversorgung: EUR 1.251.489,96 (Vorjahr: EUR 1.738.711,72)		
5. Abschreibungen auf immaterielle Vermögensgegenstände und Sachanlagen	-6.299.153 €	-5.138.711 €
6. sonstige betriebliche Aufwendungen	-33.051.691 €	-29.519.297 €
7. Erträge aus Beteiligungen	9.773 €	15.933 €
8. Erträge aus anderen Wertpapieren und Ausleihungen des Finanzanlagevermögens	25.013 €	25.020 €
9. sonstige Zinsen und ähnliche Erträge	147.110 €	60.735 €
- davon aus verbundenen Unternehmen: EUR 0,00 (Vorjahr: EUR 437,50)		
- davon aus der Abzinsung von Rückstellungen: EUR 1.175,00 (Vorjahr: EUR 0,00)		
10. Abschreibungen auf Finanzanlagen	-713.917 €	0 €
11. Zinsen und ähnliche Aufwendungen	-185.491 €	-101.561 €
- davon an verbundene Unternehmen: EUR 655,46 (Vorjahr: EUR 204,99)		
- davon aus der Aufzinsung von Rückstellungen: EUR 174.798,82 (Vorjahr: EUR 101.356,20)		
12. Finanzergebnis	-717.512 €	127 €
13. Ergebnis der gewöhnlichen Geschäftstätigkeit	25.077.352 €	22.463.171 €
14. außerordentliche Erträge	650.000 €	0 €
15. außerordentliche Aufwendungen	-1.630.684 €	0 €
16. außerordentliches Ergebnis	-980.684 €	0 €
17. Steuern vom Einkommen und vom Ertrag	-8.140.544 €	-7.023.207 €
18. sonstige Steuern	-35.340 €	-34.181 €
19. Jahresüberschuss	15.920.784 €	15.405.782 €
20. Gewinnvortrag	689.332 €	558.776 €
21. Einstellungen in andere Gewinnrücklagen	-7.800.000 €	-7.700.000 €
22. Bilanzgewinn	**8.810.116 €**	**8.264.559 €**

© New Earth Publishing

Die SCHUFA Holding AG wurde mit Feststellung der Satzung (Urkunde Nr. 756/2000 des Notars Dr. Braunfels, Düsseldorf) am 30. März 2000 errichtet.

Gegenstand der Gesellschaft ist die Erhebung, Verarbeitung und Veräußerung von Informationen, Entwicklung und Vermarktung von Entscheidungshilfen sowie Entwicklung und Vermarktung von Systemen zur Risikobeurteilung.

Die Eintragung der Gesellschaft in das Handelsregister des Amtsgerichts Wiesbaden erfolgte unter der Registernummer HRB 12236 am 9. Januar 2001.

Die Gesellschaft ist eine große Kapitalgesellschaft i. S. d. § 267 Abs. 3 HGB.

Die SCHUFA Holding AG hat demzufolge nach den Vorschriften des Handelsgesetzbuches für große Kapitalgesellschaften sowie den ergänzenden Vorschriften des Aktiengesetzes einen Einzelabschluss aufgestellt.

Die Gliederung der Gewinn- und Verlustrechnung erfolgt nach dem Gesamtkostenverfahren.

Die angewandten Bilanzierungs-, Bewertungs- und Abschreibungsmethoden berücksichtigen alle erkennbaren Risiken und sind im Einzelnen bei der Erläuterung der Bilanzposten dargestellt.

© New Earth Publishing

Kapitel 15

Zum Nachschlagen und nachlesen

Zum Nachschlagen einzelner Themen und Begriffe finden Sie hier einige Verzeichnisse und Übersichten.

Ich habe für Sie zum Abschluss einige Verzeichnisse und Übersichten zusammengestellt. Das beginnt mit einem Glossar, in dem einige der in diesem Buch verwendeten Begriffe kurz erläutert werden, gefolgt von einer Sammlung interessanter Links und endet schließlich mit einem Stichwortverzeichnis.

Insbesondere das Link-Verzeichnis bietet Ihnen die Möglichkeit, verschiedene Aspekte des Themas nachzulesen und zu vertiefen.

Das Stichwortverzeichnis bietet Ihnen die Möglichkeit, dieses Buch auch als Nachschlagewerk zu nutzen.

Je besser Sie sich informieren, desto einfacher ist es, in jeder Situation die bestmögliche Entscheidung zu treffen.

Glossar

BaFin: Bundesanstalt für Finanzdienstleistungsaufsicht – die oberste Behörde für die Beaufsichtigung von Banken, Versicherungen und Inkassounternehmen. Hier können Sie bei Bedarf auch Anfragen zu Vertragsbedingungen stellen und Beschwerden einreichen, wenn Sie der Meinung sind, dass sich z.B. die SCHUFA oder ein Kreditinstitut nicht regelkonform verhält.

BDSG: Bundesdatenschutzgesetz von 1977, regelt Rechte und Pflichten bei der Erhebung und Speicherung von personenbezogenen Daten.

BGH: Der **B**undes**g**erichts**h**of ist das oberste Gericht der Bundesrepublik Deutschland im Bereich der ordentlichen Gerichtsbarkeit, d.h. der Zivil- und Strafrechtspflege. Er wurde am 1. Oktober 1950 errichtet und hat seinen Sitz in Karlsruhe. Die Aufgabe des Bundesgerichtshofs besteht vor allem darin, die Rechtseinheit zu sichern, grundsätzliche Rechtsfragen zu klären und das Recht fortzubilden. Er überprüft Entscheidungen der Instanzgerichte – der Amtsgerichte, Landgerichte und Oberlandesgerichte – grundsätzlich nur auf Rechtsfehler[109].

Bundesanzeiger: Der **Bundesanzeiger** (**BAnz**, bis 31. März 2012 **BAnz.**) ist als Amtsblatt neben dem Bundesgesetzblatt ein weiteres Verkündungs- und Bekanntmachungsorgan der deutschen Bundesbehörden. Es wird vom Bundesministerium der Justiz herausgegeben und erscheint im Bundesanzeiger-Verlag, der 1998 teilweise und 2006 vollständig privatisiert wurde.

Bis zur Einführung des **elektronischen Bundesanzeigers** (**eBAnz**) war der Bundesanzeiger zusätzlich Pflichtveröffentlichungsblatt für gerichtliche und sonstige Bekanntmachungen, für alle Handelsregistereintragungen sowie für gesetzlich vorgeschriebene Veröffentlichungen von Jahresabschlüssen und Hinterlegungsbekanntmachungen der Unternehmen.

Datenbank: Eine Datenbank, auch Datenbanksystem (DBS) genannt, ist ein System zur elektronischen Datenverwaltung. Die wesentliche Aufgabe eines DBS ist es, große Datenmengen effizient, widerspruchsfrei und dauerhaft zu speichern und benötigte Teilmengen in unterschiedlichen, bedarfsgerechten Darstellungsformen für Benutzer und Anwendungsprogramme bereitzustellen.

Datenschutzbeauftragter: Ein **D**atenschutz**b**eauftragter (**DSB**) wirkt in einer Organisation auf die Einhaltung des Datenschutzes hin. Die Person kann Mitarbeiter dieser Organisation sein oder als externer Datenschutzbeauftragter bestellt werden. Auf Bundesebene (Bundesrepublik Deutschland) gibt es den 'Bundesdatenschutzbeauftragten' (Bundesbeauftragter für den Datenschutz und die Informationsfreiheit); Bundesländer haben je einen Landesdatenschutzbeauftragten.

Fraud: Betrug. Sich selbst oder einem Dritten durch Vorspieglung falscher oder unwahrer Tatsachen vorsätzlich einen Vermögensvorteil zu verschaffen und dadurch das Vermögen eines anderen zu schädigen.

Geoscoring: Geoscoring dient der Ermittlung der Kreditwürdigkeit von Kunden anhand des Wohnortes. Dabei geht es nicht um die individuellen Merkmale eines

---

109 www.bundesgerichtshof.de

jeden Kunden und seiner persönlichen Zahlungsfähigkeit. Beim Geoscoring wird geprüft, ob Nachbarn ihre Kredite und Rechnungen bezahlen um Rückschlüsse auf die eigene Kreditwürdigkeit zu schließen. Die Logik dahinter ist, dass die Bewohner einer Wohngegend häufig eine ähnliche wirtschaftliche Leistungsfähigkeit besitzen und das "Risiko" für alle Bewohner höher eingestuft wird unabhängig von der tatsächlichen Situation. Besonders Versandhändler möchten so Zahlungsausfälle vermeiden. Die Unternehmen können ihre elektronischen Bestellsysteme so einem bestimmten Kundenkreis anpassen und bspw. die Bezahlung von Waren per Rechnung nicht zur Verfügung stellen und stattdessen nur die Option der Vorkasse anbieten.

IP-Adresse: Eine IP-Adresse ist eine Adresse in Computernetzen, die – wie das Internet – auf dem Internetprotokoll (IP) basiert. Sie wird Geräten zugewiesen, die an das Netz angebunden sind, und macht die Geräte so adressierbar und damit erreichbar. Die IP-Adresse kann einen einzelnen Empfänger oder eine Gruppe von Empfängern bezeichnen (Multicast, Broadcast). Umgekehrt können einem Computer mehrere IP-Adressen zugeordnet sein.

Kontrahierungszwang: Die gesetzliche Verpflichtung, mit Jedermann einen Vertrag zu schließen. Diese Pflicht gilt in erster Linie für Monopolanbieter, unter anderem die Sparkassen bei der Eröffnung eines Kontos, dem öffentlichen Nahverkehr bei der Personenbeförderung und den Energieversorgern in den Gebieten, in denen Sie für die Grundversorgung zuständig sind.

Pfändungsschutzkonto: Bankkonto, das bis zur Pfändungsfreigrenze nicht gepfändet werden kann. Beachten Sie, dass hier die monatliche Pfändungsgrenze gilt und Sie das Konto bis zum Monatsende auch leer räumen sollten.

Plausibilitätsprüfung: Die Plausibilitätskontrolle, auch Plausibilitätsprüfung oder Plausibilisierung, ist eine Methode, in deren Rahmen ein Wert oder allgemein ein Ergebnis überschlagsmäßig daraufhin überprüft wird, ob es überhaupt plausibel, also annehmbar, einleuchtend und nachvollziehbar sein kann oder nicht. Es kann nicht immer die Richtigkeit des Wertes oder Ergebnisses verifiziert werden, sondern es soll eine gegebenenfalls vorhandene offensichtliche Unrichtigkeit erkannt werden. Ein Vorteil der Plausibilitätskontrolle ist, dass sie mit lediglich geringem Aufwand durchgeführt werden kann, ein Nachteil ist, dass weniger offensichtliche Unrichtigkeiten in ihrem Rahmen nicht erkannt werden.

SCHUFA-Ident Safe: Bietet Schutz vor Identitätsmissbrauch durch permanentes Monitoring und hilft im Zweifel bei der Schadensbegrenzung bzw. –korrektur.

Scoring: steht primär für das Zählen von Punkten. Im erweiterten Sinne wird es für analytisch statistische Verfahren benutzt, aus wenigen erhobenen Daten anhand von Erfahrungswerten, die in Score-Cards beschrieben werden, zu Risikoeinschätzungen zu kommen[110].

---

110 Quelle: www.wikipedia.de

Interessante Links

http://www.kununu.com/ : Arbeitgeber bewerten. Hier finden Sie Bewertungen von Mitarbeitern über Ihren Arbeitgeber. Der Arbeitgeber hat die Möglichkeit, eine Stellungnahme abzugeben und proaktiv ein eigenes Profil anzulegen.

www.xing.de : Netzwerk für geschäftliche Kontakte und Firmenprofile. Hier können Sie ein persönliches Profil (ähnlich einem Lebenslauf) hinterlegen und sich mit Ihren bestehenden Kontakten verbinden, um Ihre persönliches Netzwerk zu pflegen und zu erweitern.

www.facebook.de : Das aktuell größte und gefragteste Netzwerk für private und mittlerweile auch geschäftliche Kontakte. Achten Sie darauf, welche Informationen Sie hier über sich preisgeben….. auch Arbeitgeber nutzen Facebook als Informationsquelle….

https://www.nachsenden.info/ : Hier können Sie online einen Nachsendeantrag für unterschiedliche Postversender aufgeben.

www.creditreform.de : Hier finden Sie in erster Linie Auskünfte über Firmen. Die Creditreform ist im Firmenauskünfte ein großer Konkurrent der SCHUFA.

http://www.adressermittlung.de/ : Hier können Sie als Privatperson Anschriften anderer Privatpersonen ermitteln lassen.

www.SCHUFA-verbraucherbeirat.de : Auf dieser Internetseite finden Sie Informationen über die Zusammensetzung und die Arbeit des SCHUFA Verbraucherbeirats und des Ombudsmannes.

www.das-datenhaus.com : Das Datenhaus ist ein Systempartner der SCHUFA, der Zugriff auf verschiedene Datenbanken der SCHUFA hat, um damit sein eigenes Leistungsangebot zu erweitern und im Gegenzug dazu für die SCHUFA neue Kunden akquiriert.

www.tolina.de : Die Tolina ist ein Systempartner, Lösungen im Bereich Risiko- und Forderungsmanagement anbietet und der diese Prozesse bei Banken automatisiert und integriert und damit dazu beiträgt, dass die Banken z.B. bei der SCHUFA weitestgehend automatisiert Daten abrufen und die Ergebnisse auch gleich automatisiert verarbeiten können.

www.wikipedia.de : Auf Wikipedia finden Sie unter anderem unabhängige Informationen über Firmen und Personen des öffentlichen Lebens.

http://de.wikipedia.org/wiki/Geburtstagsparadoxon : Das Geburtstagsparadoxon zeigt sehr anschaulich den Unterschied zwischen gefühlter und tatsächlicher Wahrscheinlichkeit eines Ereignisses.

https://www.bvdnet.de/eu-dsgvo.html (Bundesverband der Datenschutzbeauftragten Deutschlands e.V.)

http://www.europaeische-datenschutz-grundverordnung.de/inhalt.html

www.bundesanzeiger.de : Im Bundesanzeiger werden von allen deutschen Firmen ab einer bestimmten Größe die Jahresabschlüsse veröffentlicht.

http://www.eu-datenschutzverordnung.de/ : Hier finden Sie laufend aktualisierte Informationen zur europäischen Datenschutzverordnung.

http://www.forum-schuldnerberatung.de/ : Hier tauschen sich Schuldner über Ihre Erfahrungen aus und Sie finden Informationen zu Schuldnerberatungen in Ihrer Nähe und weitere wertvolle Tipps.

http://www.schuldnerhilfe-direkt.de/neue-pfaendungstabelle-ab-01-07-2015-bundesministerium-gab-heute-neue-freibetraege-bekannt/ : Hier finden Sie die aktuelle Pfändungstabelle für 2015, aus der Sie entnehmen können, bis zu welcher Grenze Ihre Einkommen / Ihre monatlichen Einnahmen nicht gepfändet werden können.

http://www.caritas.de/hilfeundberatung/onlineberatung/suchtberatung/suchtberatung : Hier finden Sie Hilfe zur Suchtberatung und können im ersten Schritt per Mail Kontakt aufnehmen. Das wichtigste ist es, eigene Schwächen zu erkennen und zuzugeben und sich helfen zu lassen.

http://www.spielsucht-therapie.de/ : Oft gehen finanzielle Probleme und Spielsucht Hand in Hand.

www.ksv.at : Die KSV 1870 Information GmbH ist das österreichische Gegenstück zur SCHUFA.

© New Earth Publishing

Quellenangaben

Hornung, Peter: Reportage „Datenschützer: Zweifel an neuer SCHUFA-Datei" vom 14.09.2014 auf www.ndr.de bzw. http://www.ndr.de/info/Datenschuetzer-Zweifel-an-neuer-SCHUFA-Datei,SCHUFA154.html

www.wikipedia.de

www.SCHUFA.de

www.meineSCHUFA.de

http://www.europaeische-datenschutz-grundverordnung.de/inhalt.html

www.das-datenhaus.com

www.tolina.de

www.bundesanzeiger.de

www.zeit.de

www.ksv.at

http://www.meine-verbraucherinsolvenz-online.de/welche-forderungen-bleiben-trotz-verbraucherinsolvenz-bestehen

http://www.spiegel.de/netzwelt/games/angriff-auf-playstation-netzwerk-sony-manager-entschuldigen-sich-fuer-datenklau-a-759962.html

http://www.pcwelt.de/news/Gehackt-Datenklau-von-24-Millionen-Kundensaetzen-bei-Amazon-Tochter-Zappos-com-4424277.html

https://www.buergel.de/de/faq/berechtigtes-interesse-im-sinne-des-bdsg

Stichwortverzeichnis

Nachwort

Wir haben dieses Buch mit sehr viel Freude und Sorgfalt hergestellt. Sollten sich Fehler eingeschlichen haben, so freuen wir uns über Ihre Hinweise unter:

nep@newearthpublishing.de direkt an den Verlag.

Selbstverständlich freuen wir uns auch über Lob, Anregungen, Wünsche und Kritik.

Aktuell sind in unserem Verlag folgende Titel lieferbar:

Lieferbare Titel 2015:

Lexware 2015 buchhalter pro
ISBN 978-3-945827-00-0

Lexware 2015 warenwirtschaft pro
ISBN 978-3-945827-02-4

Lexware 2015 lohn+gehalt pro
ISBN 978-3-945827-04-8

Sage New Classic 2015 Finanzbuchhaltung
ISBN 978-3-945827-10-9

Sage New Classic 2015 Warenwirtschaft Verkauf
ISBN 978-3-945827-12-3

Sage New Classic 2015 Warenwirtschaft Einkauf
ISBN 978-3-945827-14-7

Titel in Vorbereitung:

DATEV Datenimport und –export
ISBN 978-3-945827-08-6

Alternativ können Sie unsere Bücher auch als E-Book (PDF) bestellen.

Alle Titel können direkt beim Verlag per Mail an nep@newearthpublishing.de oder bei Amazon oder im Buchhandel bestellt werden.

Kopierlizenzen für Bücher und Schulungsunterlagen gibt es nur direkt über den Verlag. Ihre Anfragen und Bestellungen schicken Sie bitte per Mail an nep@newearthpublishing.de .

FSC
www.fsc.org
MIX
Papier | Fördert gute Waldnutzung
FSC® C083411

Druck:
CPI Druckdienstleistungen GmbH
im Auftrag der
Zeitfracht GmbH
Ein Unternehmen der Zeitfracht - Gruppe
Ferdinand-Jühlke-Str. 7
99095 Erfurt